HMAT

현대카드
현대캐피탈
현대커머셜

PREFACE

우리나라 기업들은 1960년대 이후 현재까지 비약적인 발전을 이루었다. 이렇게 급속한 성장을 이룰 수 있었던 배경에는 우리나라 국민들의 근면성 및 도전정신이 있었다. 그러나 빠르게 변화하는 세계 경제의 환경에 적응하기 위해서는 근면성과 도전정신 이외에 또 다른 성장 요인이 필요하다.

한국기업들이 지속가능한 성장을 하기 위해서는 혁신적인 제품 및 서비스 개발, 선도 기술을 위한 R&D, 새로운 비즈니스 모델 개발, 효율적인 기업의 합병·인수, 신사업 진출 및 새로운 시장 개발 등 다양한 대안을 구축해 볼 수 있다. 하지만, 이러한 대안들 역시 훌륭한 인적자원을 바탕으로 할 때에 가능하다. 최근으로 올수록 기업체들은 자신의 기업에 적합한 인재를 선발하기 위해 기존의 학벌 위주의 채용을 탈피하고 기업 고유의 인·적성검사 제도를 도입하고 있는 추세이다.

현대카드/현대캐피탈/현대커머셜에서도 업무에 필요한 역량 및 책임감과 적응력 등을 구비한 인재를 선발하기 위하여 HMAT를 치르고 있다. 본서는 현대카드/현대캐피탈/현대커머셜 채용대비를 위한 필독서로 HMAT의 출제경향을 철저히 분석하여 응시자들이 보다 쉽게 시험유형을 파악하고 효율적으로 대비할 수 있도록 구성하였다.

신념을 가지고 도전하는 사람은 반드시 그 꿈을 이룰 수 있습니다. 처음에 품은 신념과 열정이 취업 성공의 그 날까지 빛바래지 않도록 서원각이 수험생 여러분을 응원합니다.

STRUCTURE

CONTENTS

PART

I

현대카드/현대캐피탈/
현대커머셜 소개

01 기업소개 및 채용안내

1 기업소개

(1) 현대카드

현대카드는 끊임없이 성장과 혁신을 추구하고 있습니다. 금융업 기본에 충실하되 단순한 신용카드를 넘어 선도적 브랜드로 자리 잡았고, 〈DIGITAL 현대카드〉 선언을 통해 디지털 기업으로 거듭나고 있습니다.

(2) 현대캐피탈

현대캐피탈은 대한민국 제1의 자동차금융 + 신용대출 + 주택대출 회사입니다. 우수한 자산 건전성과 수익성, 그리고 선진적 리스크 관리를 기반으로 국내뿐 아니라 미국, 중국, 영국 등 전 세계 9개국에 진출해 있습니다.

(3) 현대커머셜

현대커머셜은 차별화된 금융서비스를 제공하는 기업금융 전문 회사입니다. 상용차 금융시장에서의 독보적 위치를 바탕으로 안정적이고 혁신적인 기업금융을 선도하고 있습니다.

2 경영철학 및 인사철학

(1) 경영철학

① Strategy + Execution … 전략 없는 실행, 실행 없는 전략은 없다.
  ㉠ 실행에 기반한 올바른 전략설정
  ㉡ 변화를 리드하는 선제적 실행

② Speed … 스피드는 승자와 패자를 가르는 유일한 변수다.
  ㉠ 100%의 완벽함보다는 신속한 전진 추구
  ㉡ 핵심 업무에 집중하는 심플리피케이션 지향

③ Never-ending Change … 존재하는 한 끊임없이 변화해야 한다.
  ㉠ 새로운 가능성에 대한 능동적 목표 재설정
  ㉡ 관행과 매너리즘을 돌파하는 자세

④ Diverse yet United … 다양성이 모여 하나 될 때, 탁월한 조직이 완성된다.
  ㉠ 경계를 넘어서는 유연한 사고
  ㉡ 소통과 협력을 통한 공동의 목표 달성

(2) 인사철학

① Diversity(다양한 배경의 구성원) … 서로 다른 가치관, 문화적 배경, 경험을 가진 구성원들이 현대카드·캐피탈·커머셜의 끊임없는 변화와 혁신을 주도하고 있습니다.
  ㉠ 정형화된 스펙이 아닌 자신만의 강점과 열정을 지닌 신입사원, 다양한 Industry에서 전문적인 직무 경험을 쌓아 온 경력사원이 어우러져 시너지를 발휘합니다. 금융회사라고 해서 경제/경영 전공자나, 현대카드 하면 떠오르는 브랜드/마케팅과 관련된 직무 또는 금융권 출신에 대해 더 높이 평가하지 않으며, 다양한 인적 구성을 추구합니다.
  ㉡ 특정 분야에서 탁월한 재능을 지닌 신입 인재를 발굴하는 'Special Track', 현대캐피탈 해외법인이 위치한 9개 국가에서 다국적의 인력을 선발하는 'Global Internship' 등 다양성을 견인할 수 있는 여러 제도를 시행하고 있습니다.

② Market Principle(시장원리를 HR에 도입하다) ··· 인력 배치에 시장원리를 도입하여, 부서는 원하는 직원을 직접 선발하고, 직원은 하고 싶은 일을 스스로 선택함으로써, 다양한 인재들을 효율적으로 활용하고 있습니다.

　㉠ Career Market : 현대카드 · 캐피탈 · 커머셜의 대표적인 HR제도인 'Career Market'은 개인의 경력 개발과 조직의 인력 수요를 동시에 충족시켜 주는 사내 구인/구직 시장입니다. 인력을 필요로 하는 부서에서 공개적으로 인재를 찾는 공고를 올리고(Job Posting), 해당 부서로의 이동을 희망하는 직원이 본인을 매물로 내놓아 서로의 동의에 의해 이동이 결정되는 방식으로, 수요/공급의 시장원리를 기업의 인사이동에 도입한 혁신적인 제도로 알려져 있습니다. 이 제도를 통해 직원은 스스로 역량을 개발하여 몸값을 높이고, 희망하는 부서로 이동할 수 있는 기회를 잡을 수 있으며, 인력 수요가 있는 조직은 원하는 인재를 직접 선발할 수 있는 권한을 가질 수 있습니다.

　㉡ Job Selling/Job Fair : 'Job Selling'과 'Job Fair'는 회사가 인력을 채용한다는 발상을 전환하여, 인재에게 회사의 일자리를 어필해 파는 것이라는 철학을 토대로 만들어진 제도로, 신입사원의 부서 배치에 시장원리를 적용한 것입니다. 신입사원 교육기간 중 사내 각 조직에서는 Job Selling 시간을 활용하여 신입사원들에게 적극적으로 자신들의 업무와 비전을 홍보합니다. 이후 Job Fair에서는 각 조직별 부스가 마련되고, 신입사원들은 Job Selling을 통해 관심을 갖게 된 부서에 직접 방문하여, 부서가 원하는 인재의 역량을 확인하고 본인의 강점을 어필합니다. 신입사원과 각 조직이 자신들에게 가장 적합한 부서/인재를 찾기 위한 탐색전이 끝난 후, 서로의 선호도를 바탕으로 부서가 결정되는 방식입니다.

③ Innovation Leading(혁신의 DNA를 전파하다) ··· 급변하는 비즈니스 환경 속에서 생존하기 위해 지속적인 변화와 혁신을 도모하며, 스스로 그 변화를 주도할 인재를 발탁하고 육성하고 있습니다.

　㉠ 승진연한을 없앤 파격적 승진제도 : 강점이 있고 역량이 뛰어난 인재에 대한 현대카드 · 캐피탈 · 커머셜의 처우는 파격적입니다. 2015년 승진연한을 대폭 줄이는 승진제도를 도입, 기존에는 역량이나 성과와 관계없이 승진을 위해 최소 4~5년을 한 직급에서 체류해야 했다면, 새로운 제도 하에서는 최소 2년이면 다음 직급으로의 승진이 가능하게 되었습니다. 이는 '승진을 결정하는 데 있어 가장 중요한 요소는 연한이 아니라 역량이어야 한다'는 철학을 실현시킨 제도이며, 능력있는 인재에게 약진의 기회와 동기부여를 줄 수 있는 혁신적인 제도로 평가받고 있습니다.

ⓛ **업적과 역량을 분리한 Two-track 평가시스템** : Two-track 인사평가 방식의 핵심적인 내용은 개인의 업적(성과)과 역량(자질)의 역할을 명확하게 구분한다는 점입니다. 현대카드 · 캐피탈 · 커머셜의 직원들은 매년 두 단계의 인사평가 – 업적평가와 역량평가 과정을 거칩니다. 실적 등 단기적인 성과를 측정하는 업적평가는 금전적인 보상으로, 개인의 자질을 검증하는 역량평가는 승진을 위한 지표로 활용됩니다. 특히, 역량에 대한 평가는 인재의 본질을 Work(업무능력), People(대인관계), Specialty(전문성) 3 가지 기준으로 정의하고, 상사뿐만 아니라 동료 상호 간 360도 평가를 실시하며, 그 결과를 'My file'이라는 사내시스템에 축적하여 리더로서 역량을 지닌 인재를 장기적 관점에서 관찰하고 있습니다.

ⓒ **자기주도형 학습제도** : 현대카드 · 캐피탈 · 커머셜 교육제도의 특이한 점은 일반적으로 기업에서 직원들이 승진을 하기 위해 교육을 이수하거나 필수학점을 취득해야 하는 제도가 없다는 것입니다. 다양한 자기계발의 기회를 제공하되, 직원들이 원하는 교육 과정을 자율적으로 수강하도록 합니다. 문화예술 · 과학 · 인문 등 다양한 분야에서 초빙된 오피니언 리더들의 강연(Open Class), Basic/Advanced로 구성된 단계별 디지털 아카데미, 금융 · 마케팅 · IT · 법무 · 기업사례 등 Functional Class를 개설하여 깊이 있는 지식과 인사이트를 전달하며, 이를 토대로 창의적인 사고와 광범위한 시각이 전파되어 변화와 혁신의 기반이 되고 있습니다.

④ **Globally United(Global One Company를 지향하다)** ⋯ 국내/해외 공통의 HR시스템은 Global One Company가 되기 위한 최우선 과제입니다. 한국, 미국, 유럽, 중국 등 10개 국가에 위치한 법인들은 다양한 인력 교류 프로그램을 통해 전 세계 모든 임직원들에게 경력 개발의 기회를 제공하고 있습니다. 'Career Market' 제도를 해외법인까지 확장하여 (Global Career Market) 직원 스스로 '일하고 싶은 나라'를 선택할 수 있으며, 법인 간 업무 공유와 우수사례 벤치마킹을 위해 인력을 파견하고 글로벌 인재들의 역량을 육성시킵니다(Global Exchange Program/Talent Development). 이러한 자유로운 인력 교류는 국가에 관계없이 모든 법인에 적용할 수 있는 직급 체계(Global Career Band)와 시스템적인 인프라가 갖추어져 있기에 가능합니다.

(1) 기획

① **서류전형** … 인재모집 홈페이지에서 온라인으로 지원서를 작성합니다. 인재모집 홈페이지의 회사 및 인재모집 관련 정보를 확인하신 후 자신에게 맞는 공고에 지원할 수 있습니다.

② **HMAT** … 현대자동차 그룹 공통으로 실시하는 인적성 검사입니다. 언어이해, 자료해석, 정보추론 등의 적성검사와 인성검사로 구성되어 있습니다.

③ **1차면접** … 특정 분야에서 제시된 여러 개의 질문 중 한 가지를 선택해서 논리적으로 정리해 발표하는 형식입니다. 발표 이후 추가 질의·응답이 진행됩니다.

④ **2차면접(과제수행관찰)** … 일정 인원이 한 조가 되어 당일 주어진 과제를 수행합니다. 지원자분들이 과제 수행을 위해 자료를 수집하고 토의하는 과정을 면접관들이 가까운 거리에서 관찰하게 되며, 실제 업무와 유사한 방식으로 프로젝트의 기획부터 발표까지 전 단계를 진행해보는 면접입니다.

⑤ **임원면접** … 당사와의 fit이 맞는 지원자를 최종적으로 확인하는 면접입니다.

⑥ **신체검사** … 정해진 검사기관에서 신체검사를 진행합니다.

⑦ **최종합격** … 유선/이메일/인재모집 홈페이지를 통해 자세한 합격안내를 받으실 수 있습니다.

(2) Software Engineer

① **서류전형** … 인재모집 홈페이지에서 온라인으로 지원서를 작성합니다. 인재모집 홈페이지의 회사 및 인재모집 관련 정보를 확인하신 후 자신에게 맞는 공고에 지원할 수 있습니다.

② **HMAT** … 현대자동차 그룹 공통으로 실시하는 인적성 검사입니다. 언어이해, 자료해석, 정보추론 등의 적성검사와 인성검사로 구성되어 있습니다.

③ **코딩테스트** … Software Engineer 직군은 지원 분야에 따라 온라인 코딩테스트를 실시할 수 있습니다.

④ **1차면접** … 특정 분야에서 제시된 여러 개의 질문 중 한 가지를 선택해서 논리적으로 정리해 발표하는 형식입니다. 발표 이후 추가 질의·응답이 진행됩니다.

⑤ **2차면접(직무면접)** … 현업에서 근무하기 위해 필요한 역량들을 검증하고, 지원자의 프로젝트 경험을 듣는 시간입니다. 자신이 어느 분야에 강점이 있으며 앞으로 어떤 일을 하고 싶은지 확인하는 면접입니다.

⑥ **임원면접** … 당사와의 fit이 맞는 지원자를 최종적으로 확인하는 면접입니다.

⑦ **신체검사** … 정해진 검사기관에서 신체검사를 진행합니다.

⑧ **최종합격** … 유선/이메일/인재모집 홈페이지를 통해 자세한 합격안내를 받으실 수 있습니다.

(3) 영업/채권

① **서류전형** ··· 인재모집 홈페이지에서 온라인으로 지원서를 작성합니다. 인재모집 홈페이지의 회사 및 인재모집 관련 정보를 확인하신 후 자신에게 맞는 공고에 지원할 수 있습니다.

② **인적성** ··· 언어이해, 자료해석, 정보추론 등의 적성검사와 인성검사로 구성되어 있습니다.

③ **종합면접** ··· 중간에 허들 없이 2개의 면접이 하루에 진행이 됩니다. 1차면접(직무면접)은 업무 수행 시 경험할 수 있는 상황을 어떻게 대처하는 지 확인하는 면접이며, 2차면접(구조화면접)에서는 지원자의 경험에 대한 구조화된 질문을 통해 당사에서 요구하는 기본역량을 파악합니다.

④ **임원면접** ··· 당사와의 fit이 맞는 지원자를 최종적으로 확인하는 면접입니다.

⑤ **신체검사** ··· 정해진 검사기관에서 신체검사를 진행합니다.

⑥ **최종합격** ··· 유선/이메일/인재모집 홈페이지를 통해 자세한 합격안내를 받으실 수 있습니다.

(4) 인턴

인턴 채용의 경우 임원면접 대신 총 7주간의 인턴십이 진행됩니다. 인턴십은 회사 비즈니스 및 기업문화 소개가 포함된 오리엔테이션 기간과 부서에 배치되어 근무하는 기간으로 구성되며 종료 후 수행 결과에 따라 잡오퍼가 진행됩니다.

관련기사

정태영 현대카드 부회장, 카드 패키지를 재해석하다

카드 패키지 개봉은 '고객과 카드사가 처음 만나는 순간'으로 정의
핵심 요소로 '책' 선택…상품별 특화 콘텐츠 담은 'the Book' 제공

현대카드 정태영(사진) 부회장은 "패키지는 패키지인지라 대단한 일은 아니지만, 한 순간 열고 버려지는 패키지를 의미있게 만들 수 없을까"라는 생각으로 책 컨셉의 새로운 카드 패키지를 도입했다.

카드 패키지는 고객이 카드를 신청하면 카드와 함께 처음 받게 되는 것으로, 통상 상품설명서와 약관, 상품에 따라 제공되는 바우처 등으로 구성돼있다.

우선, 현대카드는 카드 패키지를 카드를 싼 포장이나 간단히 읽고 버리는 상품설명서라고 생각하는 고정관념에서 탈피했다. 대신 카드 패키지 개봉을 고객과 카드사가 처음 만나는 순간으로 정의하고, 패키지에 프리미엄 카드 회원들의 취향과 가치를 새롭게 해석해 담았다.

현대카드는 새로운 프리미엄 카드 패키지의 핵심 요소로 책을 선택했다. 빠르고 가볍게 소비되는 디지털 콘텐츠가 급부상하는 시대에, 시대를 초월한 특유의 가치와 물성(物性)을 지닌 책을 통해 새롭게 프리미엄의 가치를 전달하고자 한 것이다.

현대카드 프리미엄 라인의 'the Black'을 필두로 'the Purple'과 'the Red'를 새롭게 신청한 고객은 상품설명서, 약관 등과 함께 각 상품별 'the Book'이 포함된 새로운 패키지를 받아볼 수 있다.

총 3권의 the Book은 각기 다른 디자인과 주제를 통해 각 브랜드가 가진 컬러의 속성을 회원에게 전달하고, 각 브랜드 별로 최적화된 콘텐츠로 구성돼 있다. 각 카드 브랜드별 주요 특화 콘텐츠는 the Black book이 'innovation & business'를, the purple book과 the Red book은 각각 'design & travel'과 'art & fashion'을 주제로 한 콘텐츠를 담고 있다.

현대카드 관계자는 "책이라는 새로운 형식을 통해 카드 패키지가 일회성 소모품이 아닌, 오랜 기간 회원 곁에서 각 상품이 추구하는 가치를 전달하는 매개체가 될 수 있도록 변모시켰다"고 말했다.

– 2019. 8. 29

면접질문   • 자사에서 시도하는 다양한 콘텐츠가 브랜드 이미지에 미치는 영향에 대해 말해보시오.

현대카드 'the Green', 출시 1년만에 5만매 발급 '두각'

밀레니얼 프리미엄 고객 겨냥 특화 전략 주효…프리미엄 카드 시장 선도

현대카드의 프리미엄 카드 'the Green'이 밀레니얼 프리미엄 고객들로부터 인기를 끌며 출시 1년 만에 5만매 발급을 앞두고 있다.

이 같은 실적은 예상을 뛰어넘는 성공으로 평가된다. 연회비가 일반 신용카드보다 10배 이상 비싼 프리미엄 상품(연회비 15만 원)이 오프라인 영업도 전혀 하지 않고 온라인 채널만으로 이 같은 성과를 이뤄냈기 때문이다. 회원 1인당 월 평균사용액도 일반 상품보다 2배 이상 높았다.

'the Green'은 국내 프리미엄 카드 시장에서 압도적인 존재감을 자랑하며 시장을 선도하는 현대카드가 내놓은 신상품이었기에 자연스레 카드업계의 관심이 집중됐다. 현대카드는 그린 컬러를 새로운 럭셔리의 상징으로 재해석해 카드 디자인에 적용했다.

현대카드는 일반적인 프리미엄 카드와는 완전히 다른 새로운 고객군을 'the Green'의 타깃으로 삼았다.

현대카드는 카드 데이터 분석을 비롯해 다양한 방법론을 통해 새로운 밀레니얼 프리미엄 고객들의 특성을 파악해 나갔다. 밀레니얼 프리미엄 고객들은 자기 자신에 대한 투자를 아끼지 않고 럭셔리한 라이프스타일을 추구하면서도 실속과 합리적 소비를 중시했다. 'the Green'은 이 같은 타깃 고객들의 특성에 맞춰 설계됐다.

여행과 고메(Gourmet), 해외쇼핑처럼 'the Green' 회원들이 선호하는 사용처에서는 파격적인 M포인트 적립 혜택을 제공하고, 보너스 포인트와 연회비 부문에서는 합리성과 경제성을 중시하는 회원들의 특성에 맞춰 카드를 쓸수록 혜택이 커지도록 설계했다.

카드 신청 채널도 온라인에 집중했다. 디지털에 친숙한 젊은층의 특성을 반영, 모집 채널을 온라인으로 한정해 모집 비용을 절감하고, 이렇게 절감한 비용은 혜택으로 고객들에게 되돌려줘 상품에 대한 고객만족도를 높인 것이다.

현대카드가 핵심 타깃으로 설정한 2534세대는 25~29세 고객이 22%, 30~34세 고객이 29%를 차지해 전체 고객의 절반 이상(51%)이 2534세대인 것으로 확인됐다. 이 같은 회원 구성은 밀레니얼 프리미엄 고객을 새롭게 공략하고자 한 현대카드의 전략이 성공했음을 보여주는 특징이라 할 수 있다.

현대카드 관계자는 "젊은 밀레니얼 프리미엄 고객군을 발굴하고, 이들에게 최적화된 혜택을 'the Green'에 담아 큰 인기를 누리고 있다"면서 "앞으로도 'the Green' 고객들이 선호할만한 혜택이나 프로모션을 지속적으로 선보일 이다"고 말했다.

– 2019. 8. 29

면접질문　• 현재 소비 트렌드에 대해 체감하는 바에 대해 말해보시오.

현대카드, 새로운 디지털 문화 공간 '현대카드 다이브' 선봬

현대카드가 최근 새로운 디지털 문화 공간인 '현대카드 다이브(DIVE)' 앱을 베타 오픈했다.

현대카드 다이브는 힙스터들의 취향과 라이프스타일이 담긴 새로운 놀이의 장이다. 여행과 음악, 요리, 스타일, 테크, 디자인 등 힙스터들의 관심사를 주제로 다양한 콘텐츠를 제공한다. 사용자는 이 공간에서 자신의 아날로그 경험을 자유롭게 공유함과 동시에, 자신의 취향에 맞는 다른 힙스터의 경험을 손쉽게 찾아볼 수 있다.

뿐만 아니라 현대카드의 문화 활동 소식도 가장 빠르게 접할 수 있다. 현대카드가 운영하는 4곳의 라이브러리와 스토리지(전시장), 바이닐앤플라스틱(음반매장) 등에서 열리는 다채로운 프로그램을 실시간으로 예약할 수 있으며, 슈퍼콘서트 등 현대카드의 다양한 문화 활동을 한눈에 확인할 수 있다.

현대카드는 현대카드 다이브 베타 오픈을 기념한 이벤트도 진행한다.

앱을 다운 후 최근 자신의 관심사나 핫플레이스, 인생 여행지 등에 대한 경험을 앱에 올리면 자동으로 이벤트에 응모된다. 응모 시 인스타그램이나 유튜브 등 본인 SNS 계정에 올린 게시물도 손쉽게 가져올 수 있다. 현대카드는 이벤트 참가자 중 추첨을 통해 '고프로 카메라'와 '애플워치', '홈 비어머신' 등 힙스터들의 인기 아이템을 선물로 증정할 계획이다.

현대카드 관계자는 "현대카드 다이브는 현대카드의 모든 브랜드 활동을 담아내는 공간이자 힙스터들의 새로운 플레이 그라운드"라며 "많은 사용자들이 현대카드 다이브를 통해 새로운 라이프스타일과 앞선 트렌드를 경험하게 되길 기대한다"고 말했다.

한편 현대카드 다이브는 공식 오픈 전 세계 3대 디자인상으로 평가 받는 'iF 디자인 어워드' 앱 디자인 부문에서 수상의 영광을 누리기도 했다.

-2019. 7. 29

면접질문	• 자사의 컬처, 스페이스, 라이프 프로젝트에 대해 말해 보시오. • 자사에서 기획하는 컬처 프로젝트의 효과에 대해 말해보시오.

PART

Ⅱ

출제예상문제

01 언어이해

1 다음 글을 읽고 독자의 반응으로 적절한 것은?

제15조
① 청약은 상대방에게 도달한 때에 효력이 발생한다.
② 청약은 철회될 수 없는 것이더라도, 철회의 의사표시가 청약의 도달 전 또는 그와 동시에 상대방에게 도달하는 경우에는 철회될 수 있다.

제16조 청약은 계약이 체결되기까지는 철회될 수 있지만, 상대방이 승낙의 통지를 발송하기 전에 철회의 의사표시가 상대방에게 도달되어야 한다. 다만 승낙기간의 지정 또는 그 밖의 방법으로 청약이 철회될 수 없음이 청약에 표시되어 있는 경우에는 청약은 철회될 수 없다.

제17조
① 청약에 대한 동의를 표시하는 상대방의 진술 또는 그 밖의 행위는 승낙이 된다. 침묵이나 부작위는 그 자체만으로 승낙이 되지 않는다.
② 청약에 대한 승낙은 동의의 의사표시가 청약자에게 도달하는 시점에 효력이 발생한다. 청약자가 지정한 기간 내에 동의의 의사표시가 도달하지 않으면 승낙의 효력이 발생하지 않는다.

제18조 계약은 청약에 대한 승낙의 효력이 발생한 시점에 성립된다.

제19조 청약, 승낙, 그 밖의 의사표시는 상대방에게 구두로 통고된 때 또는 그 밖의 방법으로 상대방 본인, 상대방의 영업소나 우편주소에 전달된 때, 상대방이 영업소나 우편 주소를 가지지 아니한 경우에는 그의 상거소(常居所)에 전달된 때에 상대방에게 도달된다.

---

① 민우 : 계약은 청약에 대한 승낙의 효력이 발생할 때 성립되는구나.
② 정범 : 청약에 대한 부작위는 그 자체만으로 승낙이 될 수 있어.
③ 우수 : 청약자가 지정한 기간 내에 동의의 의사표시가 도달하지 않으면 승낙의 효력은 발생해.
④ 인성 : 청약은 계약이 체결되기까지는 철회될 수 없어.
⑤ 현진 : 청약은 상대방에게 도달하지 않아도 그 자체로 효력이 발생해.

② 침묵이나 부작위는 그 자체만으로 승낙이 되지 않는다.
③ 청약자가 지정한 기간 내에 동의의 의사표시가 도달하지 않으면 승낙의 효력이 발생하지 않는다.
④ 청약은 계약이 체결되기까지는 철회될 수 있다.
⑤ 청약은 상대방에게 도달한 때에 효력이 발생한다.

2 다음 중 보기가 들어갈 위치로 올바른 것은?

> 연구자들은 개화식물의 잎을 제거하면 광주기의 변화에 반응하지 못한다는 것을 알아냈다. ㈎ 그렇다면 개화식물은 낮의 길이를 감지하여 꽃을 피울까, 밤의 길이를 감지하여 꽃을 피울까? 1938년에 연구자들은 낮시간과 밤시간의 길이를 조절하는 실험을 통해 다음과 같은 사실을 알게 되었다. ㈏ 단일식물인 도꼬마리는 최대 일장이 15.5시간인데 24시간의 낮시간과 9시간의 밤시간이라는 광주기 조건에서는 개화했으나, 16시간의 낮시간과 8시간의 밤시간이라는 조건에서는 개화하지 않았다. ㈐ 또 최대 일장보다 짧은 4시간의 낮시간과 8시간의 밤시간에서도 개화하지 않았다. ㈑ 한편 16시간의 낮시간과 32시간의 밤시간에서는 개화하였다. ㈒ 이로 인해 광주기성에 대한 새로운 이해가 필요해졌다.

> 〈보기〉
> 이 결과를 바탕으로 단일식물의 개화에는 밤의 길이가 중요한 요인이라는 결론을 내릴 수 있다.

① ㈎   ② ㈏

③ ㈐   ④ ㈑

⑤ ㈒

 보기는 글을 마무리하는 결론에 대한 내용이다. 따라서 보기 앞의 내용은 개화와 밤의 길이의 관계에 대한 내용이 나타나야 한다.
적절한 답은 ⑤이다.

Answer⌐→ 1.①   2.⑤

3 제시된 빈칸에 들어갈 내용으로 옳은 것은?

> 박지원의 교우론(交友論)은 유교 전통 내부의 요소로부터 영향을 받았다. 유교 전통에서 강조되어 온 오륜의 마지막 항목은 '붕우유신(朋友有信)'이며, "선을 독려하는 것이 벗의 도이다."라는 맹자의 말처럼 유학자들은 오래 전부터 교우를 도덕적 실현에 필요한 활동으로 삼아왔다. 그러나 붕우 관계는 한대(漢代) 이래 삼강의 확립과 더불어 군신·부자·부부 관계에 비해 부차적인 것으로 취급되는 경향이 있었다. 조선의 경우 건국 초기부터 국가가 삼강행실도의 편찬을 통해 삼강 의식을 강조하고, 정주학(程朱學)을 통해 끊임없이 그 이론적 정당화를 추구해 왔다. 그러므로 _____.

① 벗은 피붙이보다 낫다.
② 본래 오행론의 화·수·목·금·토는 각각 역할을 달리하지만 동등한 지위를 갖는다
③ 삼강의 수직적 질서가 붕우관계의 수평적 질서를 압도하는 것은 당연한 일이었다.
④ 생활 풍속도는 벽화에서 지니는 비중이 점점 낮아지다가 결국은 소멸한다.
⑤ 벗은 타인이 아니라 나의 반쪽이니, 바로 제2의 나라고 할 수 있다.

(Tip) 빈칸 앞에서 붕우 관계는 삼강의 확립과 더불어 군신·부자·부부 관계에 비해 부차적인 것으로 취급되었고, 조선은 삼강 의식을 강조하고 정주학을 통해 이론적 정당화를 추구했다고 나타나있다.
따라서 삼강의 수직적 질서가 수평적 질서를 압도하는 것이 당연하다.

4 다음 제시된 문장을 순서에 맞게 배열한 것은?

> (가) 탈레스는 "지구는 물 위에 마치 배처럼 떠 있으며, 지구가 물의 움직임에 의해 흔들릴 때 지진이 일어난다."고 말한 것으로 알려져 있다.
> (나) 그러나 이 이론의 핵심은 지구의 지탱과 지진을 지구가 물 위에 떠 있다는 추측에 의해 설명하고자 했다는 점이다.
> (다) 현대의 판 구조론을 예견하는 듯이 보이는 이 추측과 관련해서 그는 어떤 관찰에도 근거할 수 없었을 것이다.
> (라) 탈레스가 이러한 이론을 수립하기 전에 배의 흔들림과 지진을 관찰했었다는 것은 의심의 여지가 없다.

① (가)(나)(다)(라) ② (가)(나)(라)(다)
③ (가)(다)(나)(라) ④ (가)(다)(라)(나)
⑤ (가)(라)(나)(다)

(가) : 탈레스의 이론 제시

(라) : 이론 수립 전 배의 흔들림을 관찰했었을 것으로 예상

(나) : 그러나 이 이론의 핵심은 추측에 의해 설명하고자 했던 점

(다) : 따라서 이 추측은 관찰에 근거할 수 없음

5 다음 글을 읽고 알 수 있는 내용이 아닌 것은?

> 사회 네트워크란 '사람들이 연결되어 있는 관계망'을 의미한다. '중심성'은 한 행위자가 전체 네트워크에서 중심에 위치하는 정도를 표현하는 지표이다. 중심성을 측정하는 방법에는 여러 가지가 있는데, 대표적인 것으로 '연결정도 중심성'과 '근접 중심성'의 두 가지 유형이 있다.
>
> '연결정도 중심성'은 사회 네트워크 내의 행위자와 직접적으로 연결되는 다른 행위자 수의 합으로 얻어진다. 이는 한 행위자가 다른 행위자들과 얼마만큼 관계를 맺고 있는가를 통하여 그 행위자가 사회 네트워크에서 중심에 위치하는 정도를 측정하는 것이다.
>
> '근접 중심성'은 사회 네트워크에서의 두 행위자 간의 거리를 강조한다. 사회 네트워크상의 다른 행위자들과 가까운 위치에 있다면 그들과 쉽게 관계를 맺을 수 있고 따라서 그만큼 중심적인 역할을 담당한다고 간주한다. 연결정도 중심성과는 달리 근접 중심성은 네트워크 내에서 직·간접적으로 연결되는 모든 행위자들과의 최단거리의 합의 역수로 정의된다. 이때 직접 연결된 두 점의 거리는 1이다.

① 근접 중심성은 네트워크 내에서 연결되는 모든 행위자들과의 최단거리의 합의 역수로 정의된다.

② 중심성은 한 행위자가 전체 네트워크에서 중심에 위치하는 정도를 표현하는 지표이다.

③ 사회 네트워크상의 다른 행위자들과 먼 위치에 있다면 그들과 쉽게 관계를 맺을 수 있다.

④ 중심성을 측정하는 방법에는 대표적인 것으로 연결정도 중심성과 근접 중심성이 있다.

⑤ 한 행위자가 다른 행위자들과 얼마만큼 관계를 맺고 있는가를 통하여 그 행위자가 사회 네트워크에서 중심에 위치하는 정도를 측정하는 것은 연결정도 중심성이다.

> (Tip) ③ 사회 네트워크상의 다른 행위자들과 가까운 위치에 있다면 그들과 쉽게 관계를 맺을 수 있다.

6 다음 중 ⊙과 관련이 없는 상황은?

(가) 1980년대 이래 동물의 장기를 사람에게 이식하는 이른바 '이종(異種) 장기 이식'의
연구는 최근 사람 아닌 영장 동물에 대한 장기 이식 연구에서 연거푸 성공한 데
힘을 얻어 1995년부터 활기를 찾기 시작했다. 예컨대 뉴욕의 컬럼비아 프레스비
테리안 의료 센터의 심장 이식 과장인 로버트 마이클러와 그의 동료들은 원숭이
의 심장을 6마리의 비비에게 이식한 결과 평균 6개월을 생존했다. 그는 또 원숭
이의 심장을 5마리의 비비에게 이식하고 2주일 뒤 다시 다른 비비의 심장으로 바
꿨다. 다시 2개월 뒤 비비의 심장을 제거했을 때 완벽하게 작동했다. 이런 결과
에 고무된 마이클러는 심장 이식 수술을 기다리는 환자 중에서 상태가 매우 좋
지 않은 환자들을 위해 임시방편으로 곧 비비의 심장을 이식할 계획이다. 한편
캘리포니아의 린다 의료 센터 팀도 지난 3년간 17마리의 벵갈 원숭이의 심장을
비비에게 이식했다. 이들은 머지않아 비비의 심장을 인간에게 영구적으로 이식하
는 한편 비비의 골수를 에이즈 환자 치료용으로 시험할 계획도 갖고 있다.

(나) 그러나 세계에서 가장 큰 비비 사육지인 미국 산안토니오의 사우스웨스트 생의
학 연구 재단 단지에도 2천 7백 마리의 비비밖에 없어 도저히 수요를 감당할 수
없다. 그래서 과학자들은 장기 공급의 대상 동물로서 돼지에게 희망의 눈길을 보
내고 있다. 돼지는 얼마든지 공급할 수 있을 뿐 아니라 필요한 크기로 제공할 수
있고 병원균 없는 환경에서 키울 수 있으며 심장과 췌장은 인간과 비슷한 생리
를 갖고 있기 때문이다.

(다) 그런데 돼지 장기는 사람의 몸속에서 '초급성 반응'이라고 하는 폭발적인 면역 반
응을 촉발한다. 돼지의 기관이 영장 동물의 혈액 공급과 연결되는 순간 피 속의
항체는 혈관 내피 세포 표면에 달라붙어 보체 단백질을 기관 속으로 끌어들이고
이것은 내피 세포막에 구멍을 뚫어 항체와 함께 내피를 교란하여 혈관 속에 피
떡을 만든다. 결국 이식된 돼지의 기관은 이런 공격에 못 이겨 까맣게 부어올라
응고된 피로 막혀버려 수분 내에 못쓰게 된다.

(라) 과학자들은 인간의 보체 단백질로부터 동물의 장기를 보호하는 DAF, MCP,
CD59와 같은 방어용 단백질을 돼지에게 주어 이런 초급성 반응을 막는 연구에
착수했다. 예컨대 영국 케임브리지 대학 의대의 면역학자 데이비드 와이트 팀은
사람의 DAF를 지닌 유전자 도입 돼지의 심장을 사람의 피로 4시간이나 고동을
계속하도록 하였다. 또 미국 듀크대학 의대의 면역학자 제프리 플랫도 프린스
턴 소재 생물 공학 기업인 넥스트란사의 연구자들과 DAF, MCP, CD59의 여러
조합을 나타내는 유전자 도입 돼지를 만들었다. 이런 돼지의 심장을 3마리의 비
비에게 이식한 결과 4~30시간 동안 박동을 계속했다. 과학자들은 곧 유전자 도
입 돼지를 이용한 초급성 반응 저지 연구에 매듭을 짓게 된다.

(마) 한편 눈부신 발전을 거듭하고 있는 전자공학 기술을 이용하는 인공 장기 개발도 큰 진전을 보고 있다. 예컨대, 망막의 손상으로 시력을 잃은 사람들에게 마이크로칩을 이식하여 시력을 회복시켜 줄 수 있는 길이 열릴 것으로 기대된다. 그 방법은 외과 수술을 통해 환자의 눈 뒷면에 매우 얇은 칩을 거치한 뒤 환자는 미니 카메라에 붙은 레이저가 시각 정보를 보내오면 눈 뒤의 마이크로 칩이 망막 신경을 흥분시켜 시각을 만들어 낸다. 최근 MIT와 매사추세츠 안과병원에서 토끼에게 실험한 결과 이런 장치는 신경절 세포를 자극하여 뇌에게 신호를 보낼 수 있다는 것이 밝혀졌다. ㉠이런 저런 노력이 열매를 맺을 21세기 초에는 새로운 장기 대체 시대의 막이 오를 것으로 기대된다.

① 에이즈 치료에 새 장이 열리게 된다.
② 많은 맹인들이 다시 세상의 빛을 보게 된다.
③ 심장병을 앓고 있던 사람들이 새 삶을 얻게 된다.
④ 손상된 인간의 장기를 자유롭게 복제할 수 있게 된다.
⑤ 불치병에 걸린 사람들이 이종 동물로부터 장기를 이식받게 된다.

Tip
① (가)의 끝 부분에 '비비의 골수를 에이즈 환자 치료용으로 시험할 계획도 갖고 있다.'고 했으므로 가능한 전망이다.
② (마)에 '망막의 손상으로 시력을 잃은 사람들에게 마이크로칩을 이식하여 시력을 회복시켜 줄 수 있는 길이 열릴 것으로 기대된다.'는 내용이 있다.
③ (가)에 '머지않아 비비의 심장을 인간에게 영구적으로 이식'할 것이라는 내용이 있다.
⑤ (라)에서 언급하고 있는 '초급성 반응 저지 연구에 매듭'이 지어졌을 때 가능한 전망이다.

Answer ⟶ 6.④

7 다음 글에서 현대인이 수면 부족에 시달리는 이유로 적절한 것은?

⑺ 생체시계는 어디에 있을까? 학자들의 연구에 따르면 생체 리듬을 관장하는 시계, 즉 중추는 눈 뒤의 뇌 중앙부에 있다. 좀 더 정확히 말하면 눈에서 두뇌로 정보를 전달하는 시신경 바로 위쪽이다. 이곳을 시신경 교차상핵(SCN)이라 부른다. 교차란 시신경이 이곳에서 X자로 교차한다는 의미다. 김인 고려대 교수는 시신경 교차상핵이 생체시계라는 사실은 세 가지 방향에서 입증이 된다고 한다. 첫째는 이 부분을 파괴했을 때 1주일 주기 리듬이 없어진다는 사실이다. 두 번째는 이 부위를 뇌에서 따로 떼어 내도 이 부위의 움직임이 여전히 규칙적인 리듬을 보인다는 것이다. 세 번째는 다른 개체의 시신경 교차상핵을 이식할 경우 그 개체가 1주일 주기로 움직인다는 사실이다.

⑷ 무엇이 생체시계를 움직이도록 하는가? 최근 선진국에서 각광을 받고 있는 생체시계학 전문 연구자들의 대답은 '빛'이다. 최근 연구 결과에 따르면 생체시계에 대한 빛의 영향은 아주 크다. 하버드 의대 찰스 체이슬러 교수에 따르면 햇빛의 20분의 1 정도에 불과한 실내 조명만 갖고도 생체시계를 망가뜨릴 수 있다고 한다. 이것은 아침 일찍 출근해 하루 종일 사무실에 앉아 사무를 본 뒤 저녁 늦게 집으로 돌아가는 현대 도시인들에게 태양광보다 전기 조명이 생체 리듬을 결정하는 주된 요소라는 사실을 의미한다. 체이슬러 박사는 자연광과 함께 인공 조명을 추가로 받는 현대 도시 직장인의 생체 리듬은 자연 상태보다 3~5시간 정도 후퇴해 있는 상태로 추정한다. 밤에 잠들기 어렵고 아침에 일어나기 어려운 이유가 여기에 있다. 김인 고려대 교수는 "현대인의 30% 가량은 어떤 형태든 수면 장애를 겪고 있다는 게 학계의 추정"이라고 밝혔다. 그 결과는 만성적인 피로와 업무 능률의 저하, 사고의 증가다. 미국에선 치명적인 교통사고의 30%가 수면 부족 탓이라는 통계도 있다.

⑸ 챌린저호 폭발 사고에 대한 공식적인 조사 결과는 보조 추진 로켓 가운데 하나의 봉인이 떨어져 사고가 일어났다는 것이다. 그런데 발사 전날 저녁에 열린 회의에서도 이 정보는 있었던 것으로 알려졌다. 그러나 회의 당시 이 정보는 주목받지 못했다. 대통령 직속의 사고 조사 위원회는 그 원인을 심각한 수면 부족 상태 때문이라고 결론지었다.

⑹ 그러나 생체시계는 단순히 빛에 수동적으로 반응하는 것이 아니다. 사람과 동물에 대한 실험을 통해 생체시계는 빛과 상관없이 움직이는 자신만의 고유 리듬도 갖고 있는 것으로 드러났다. 학계에서는 이를 생체시계의 '자유질주'라고 부른다. 흥미로운 것은 자유질주 상태에서 생체 리듬의 1일 주기는 24시간보다 조금 더 느리다는 것이다. 실험 결과 대략 24시간 30분~25시간 사이인 것으로 확인되고 있다. 이는 달의 움직임과 깊은 관계가 있는 것으로 보인다.

(마) 생체시계가 구체적으로 어떻게 움직이는지에 대해서는 그다지 알려지지 않은 상태다. 그러나 최근 이들을 밝혀낼지도 모르는 연구 결과가 록펠러 대학, 브렌다이스 대학 등 3곳에서 거의 동시에 나왔다. 이들은 초파리를 대상으로 한 실험에서 두 가지 유전자를 발견했다. 연구팀은 이 유전자의 이름을 '타임리스'와 '피리어드'로 붙였다. 타임리스 유전자는 빛에 민감한 단백질을 만들어 냈다. 이 단백질은 밤에 풍부해지고 낮에는 거의 없어진다. 그러나 이 단백질이 홀로 움직이는 것은 아니다. 거기엔 항상 '피리어드' 단백질이 함께 있었다. 둘은 톱니바퀴처럼 항상 같이 맞물려 움직이면서 호르몬의 생산을 통제하는 것이 확인됐다. 연구진은 이 두 유전자가 수면주기를 통제하는 것으로 추정하고 있다. 생체시계가 포유류에만 있는 것은 아니다. 무척추 동물은 물론 식물, 균류, 박테리아 등 거의 모든 생물에서 발견된다.

① 자연광을 받는 시간이 적기 때문에
② 만성적인 피로에 시달리고 있기 때문에
③ 생체시계가 정상의 경우보다 빨리 움직이므로
④ 생체 리듬이 '자유질주'의 상태에 있기 때문에
⑤ 전기 조명에 의해 빛에 노출되는 시간이 길기 때문에

 (Tip) (나)의 내용을 보면, 햇빛의 20분의 1 정도에 불과한 실내 조명만 갖고도 생체시계를 망가뜨릴 수 있다고 했으므로 우선 생각할 수 있는 이유는 실내 조명과의 관련이다. 또, 바로 뒤에 이어지는 내용에서, 자연광과 함께 인공 조명을 추가로 받는 현대 도시 직장인의 생체 리듬은 자연 상태보다 3~5시간 후퇴해 있는 것으로 추정된다고 하였으므로, 실내 조명을 추가로 받아 빛에 노출되는 시간이 많기 때문이란 이유를 추리할 수 있다.

Answer↱ 7.⑤

【8~10】 다음 글을 읽고 물음에 답하시오.

⑦ 일상생활이 너무나 피곤하고 고단할 때, 힘든 일에 지쳐 젖은 솜처럼 몸이 무겁고 눈이 빨갛게 충혈 됐을 때, 단잠처럼 달콤한 게 또 있을까? 우리는 하루 평균 7~8시간을 잔다. 하루의 3분의 1을 잠을 자는 데 쓰는 것이다. 어찌 생각하면 참 아까운 시간이다. 잠을 자지 않고 그 시간에 열심히 일을 해서 돈을 번다면 부자가 되지 않을까? 여기서 잠시 A라는 학생의 생활을 살펴보자.

⑨ A는 잠자는 시간이 너무 아깝다. 그래서 잠을 안자고 열심히 공부하기로 작정한다. A에게 하루쯤 밤을 새는 것은 흔한 일이다. 졸리고 피곤하긴 하지만, 그런대로 학교생활을 해 나갈 수 있다. 하지만, 하루가 지나고 이틀이 지나니 그 증상이 훨씬 심해진다. 눈은 ⑤뻑뻑하고 눈꺼풀은 천 근처럼 무겁다. 옆에서 누가 소리를 지르지 않으면 금방 잠에 빠져 버리고 만다. A는 잠을 자지 않기 위해서 쉴 새 없이 움직인다. 하지만, 너무 졸려서 도저히 공부를 할 수가 없다. 결국 A는 모든 것을 포기하고 깊은 잠에 빠져 버리고 만다.

⑨ 만일, 누군가가 강제로 A를 하루나 이틀 더 못 자게 한다면 어떻게 될까? A는 자기가 있는 곳이 어디인지, 또 자기가 무슨 일을 하러 여기에 와 있는지조차 가물가물할 것이다. 앞에 앉은 사람의 얼굴도 잘 몰라보고 이상한 물체가 보인다고 횡설수설할지도 모른다. 수면 ⑥박탈은 예로부터 ⑥중죄인을 고문하는 방법으로 이용될 정도로 견디기 어려운 것이었다.

⑨ A가 이처럼 잠을 못 잤다면 부족한 잠을 고스란히 보충해야 할까? 그렇지는 않다. 예를 들어, 매일 8시간씩 자던 사람이 어느 날 5시간밖에 못 잤다고 해서 3시간을 더 잘 필요는 없다. 우리 몸은 그렇게 계산적이지 않다. 어쩌면 A가 진짜 부러워해야 할 사람은 나폴레옹이나 에디슨일지도 모른다. 이 두 사람은 역사상 밤잠 안 자는 사람으로 유명했다. 하지만, 이들은 진짜 잠을 안 잔 것이 아니라, 효과적으로 수면을 취했던 것이다. 나폴레옹은 말안장 위에서도 잠을 잤고, ⑥워털루 전투에서도 틈틈이 낮잠을 즐겼다고 한다. 에디슨도 마찬가지였다. 에디슨의 친구 한 사람은 "그는 다른 사람에게 말을 거는 동안에도 잠 속에 빠지곤 했지."라고 말하였다.

⑨ 그러면 우리는 왜 잠을 잘까? 왜 인생의 3분의 1을 잠으로 보내야만 할까? 뒤집어 생각해 보면, 잠을 자고 있는 것이 우리의 정상적인 모습이고, 잠을 자지 않는 것은 여러 ⑥자극 때문에 어쩔 수 없이 깨어 있는 비정상적인 모습인지도 모른다. 과연 잠을 자고 있을 때와 깨어 있을 때, 우리의 뇌에는 어떠한 일이 일어나고 있을까?

8 주어진 글에서 A의 예를 통하여 글쓴이가 궁극적으로 말하고자 하는 바는?

① 단잠은 지친 심신을 정상적으로 회복시킨다.

② 잠을 덜 자기 위해서는 많은 고통을 겪어야 한다.

③ 잠을 많이 자야 건강을 유지할 수 있다.

④ 잠을 안 자면 정상적인 생활을 할 수 없다.

⑤ 학습 능률을 높이기 위해서는 잠을 꼭 자야 한다.

A가 잠을 자지 않아 결국 공부를 포기했으며, 그러한 상태가 지속될 경우 일어날 수 있는 부정적인 결과를 나열함으로써 잠이 우리에게 꼭 필요한 것임을 강조하고 있다.

9 ㈜에서 '나폴레옹'과 '에디슨'의 공통점으로 알맞은 것은?

① 꿈과 현실을 잘 구분하지 못했다.

② 매일 규칙적인 수면시간을 유지했다.

③ 불면증에 시달렸다.

④ 일반인보다 유난히 잠이 많았다.

⑤ 효과적으로 수면을 취했다.

 효과적인 수면의 중요성을 말하기 위하여, 역사상 잠을 안 잔 것으로 유명한 나폴레옹이나 에디슨도 진짜로 잠을 안 잔 것이 아니라, 효과적으로 수면을 취했음을 예로 제시하고 있다. 나폴레옹은 말안장 위에서도 잤고, 에디슨은 친구와 말을 하면서도 잠을 잤다는 내용이다.

10 ㉠~㉤ 중 사전(事典)을 찾아보아야 할 단어는?

① ㉠   ② ㉡

③ ㉢   ④ ㉣

⑤ ㉤

 '뻑뻑하고', '박탈', '중죄인', '자극' 등은 낱말의 뜻을 알아야 하는 것이기 때문에 사전(辭典)을 이용해야 한다. 반면에 '워털루 전투'는 역사적인 사건이기 때문에 역사 사전과 같은 사전(事典)을 활용하여 구체적인 정보를 얻는 것이 알맞다.

Answer ↱ 8.④   9.⑤   10.④

11 다음 글에 이어질 내용으로 적절한 것은?

> 유물(遺物)을 등록하기 위해서는 명칭을 붙인다. 이 때 유물의 전반적인 내용을 알 수 있도록 하는 것이 바람직하다. 따라서 명칭에는 그 유물의 재료나 물질, 제작 기법, 문양, 형태가 나타난다. 예를 들어 도자기에 청자상감운학문매병(靑瓷象嵌雲鶴文梅瓶)이라는 명칭이 붙여졌다면, '청자'는 재료를, '상감'은 제작기법을, '운학문'은 문양을, '매병'은 그 형태를 각각 나타낸 것이다. 이러한 방식으로 다른 유물에 대해서도 명칭을 붙이게 된다.
>
> 유물의 수량은 점(點)으로 계산한다. 작은 화살촉도 한 점이고 커다란 철불(鐵佛)도 한 점으로 처리한다. 유물의 파편이 여럿인 경우에는 일괄(一括)이라 이름 붙여 한 점으로 계산하면 된다. 귀걸이와 같이 쌍(雙)으로 된 것은 한 쌍으로 하고, 하나인 경우에는 한 짝으로 하여 한 점으로 계산한다. 귀걸이 한 쌍은, 먼저 그 유물번호를 적고 그 뒤에 각각 (2-1), (2-2)로 적는다. 뚜껑이 있는 도자기나 토기도 한 점으로 계산하되, 번호를 매길 때는 귀걸이의 예와 같이 하면 된다.
>
> 유물을 등록할 때는 그 상태를 잘 기록해 둔다. 보존 상태가 완전한 경우도 많지만, 일부가 손상된 유물도 많다.

① 예를 들어 유물의 명칭에 유물의 전반적인 내용을 알 수 있도록 하는 것이 바람직하다.

② 예를 들어 화살촉도 한 점이고 커다란 철불도 한 점으로 처리한다.

③ 예를 들어 귀걸이와 같이 쌍으로 된 것은 한 쌍으로 한다.

④ 예를 들어 유물의 어느 부분이 부서지거나 깨졌지만 그 파편이 남아 있는 상태를 파손(破損)이라고 한다.

⑤ 예를 들어 청자상감운학은 그 명칭에서 재료나 물질, 형태가 나타난다.

> (Tip) 위 글의 마지막 문단의 '일부가 손상된 유물도 많다'와 자연스럽게 이어지려면 ④가 가장 적절하다.

12 다음 중 보기의 문장이 들어갈 위치로 올바른 것은?

제31조 중앙선거관리위원회는 비례대표 국회의원 선거에서 유효투표 총수의 100분의 3 이상을 득표하였거나 지역구 국회의원 총선거에서 5석 이상의 의석을 차지한 각 정당에 대하여 당해 의석할당정당이 비례대표 국회의원 선거에서 얻은 득표비율에 따라 비례대표 국회의원 의석을 배분한다. ㉮

제32조 정당이 다음 각 호의 어느 하나에 해당하는 때에는 당해 선거관리위원회는 그 등록을 취소한다. ㉯

제33조

① 의원이 의장으로 당선된 때에는 당선된 다음날부터 그 직에 있는 동안은 당적을 가질 수 없다. 다만 국회의원 총선거에 있어서 공직선거법에 의한 정당추천 후보자로 추천을 받고자 하는 경우에는 의원 임기만료일 전 90일부터 당적을 가질 수 있다. ㉰

② 제1항 본문의 규정에 의하여 당적을 이탈한 의장이 그 임기를 만료한 때에는 당적을 이탈할 당시의 소속 정당으로 복귀한다. ㉱

제34조 비례대표 국회의원 또는 비례대표 지방의회의원이 소속 정당의 합당·해산 또는 제명 외의 사유로 당적을 이탈·변경하거나 2 이상의 당적을 가지고 있는 때에는 퇴직된다. 다만 비례대표 국회의원이 국회의장으로 당선되어 당적을 이탈한 경우에는 그러하지 아니하다. ㉲

〈보기〉

1. 최근 4년간 임기만료에 의한 국회의원 선거 또는 임기만료에 의한 지방자치단체의 장(長) 선거나 시·도의회 의원 선거에 참여하지 아니한 때
2. 임기만료에 의한 국회의원 선거에 참여하여 의석을 얻지 못하고 유효투표 총수의 100분의 2 이상을 득표하지 못한 때

① ㉮

② ㉯

③ ㉰

④ ㉱

⑤ ㉲

 제32조의 내용 '정당이 다음 각 호의 어느 하나에 해당하는 때에는 당해 선거관리위원회는 그 등록을 취소한다'를 설명해 줄 '각 호'에 대한 내용이 없으므로 보기는 ㉯에 들어가야 적절하다..

Answer↗ 11.④ 12.②

13 아래는 어느 연설문의 서론이다. 다음 중 이 연설문의 결론 부분에 해당될 수 있는 것은?

> 미용사는 처음에는 저의 왼쪽 머리를 마구 자르기 시작하더니, 염색과 퍼머까지도 전혀 마음에 들지 않게 하였습니다. 제 머리모양은 완전히 망가지고 말았습니다. 그런데 이러한 과정을 처음부터 끝까지 지켜보았던 저 자신은 막상 아무 말도 하지 못했던 것입니다. 제 자신의 머리였지만, 아무런 말도 꺼내지 못했던 것입니다. …… (이하 생략)

① 정치 공방만을 일삼는 국회의원들은 각성해야 합니다.
② 대화와 상생의 정치를 구현해 나갑시다.
③ 국민 여러분, 올바른 주인의식으로 한 표를 사용하십시오.
④ 긍정적인 사고로 자신의 일을 사랑하도록 합시다.
⑤ 노동조합을 결성하여 우리 모두가 나서야 할 때입니다.

(Tip) 자신의 일과 관련해서 아무런 말도 꺼내지 못했음을 예시로 들었다. 따라서 올바른 주인의식으로 한 표를 사용하라는 ③이 적절하다.

14 다음 글의 제목 또는 주제로 적절한 것을 고르면?

> 우아함이 지나치면 고독을 면치 못하고 소박함이 지나치면 생활에 활기가 떨어진다. 활기란 흥이 있는 곳에서 나오는데, 흥이란 없는 것은 있는 척할 때 더 난다. 겸손이 지나치면 비굴이 되고, 긍지가 지나치면 교만이 된다. 겸손이란 여유 있는 것이어야 하고, 긍지는 남이 매겨 주는 가치라야 한다. 엄격한 예의는 방색(防塞)같은 것이나 우정이 오가지 않고 소탈함이 지나치면 대면하는 사람의 심정을 예민하게 파악하지 못하여 폐가 되는 경우도 있다. 욕심이 많으면 만족하는 일이 없고, 욕심이 너무 없으면 이름이 적다. 민족의 덕을 익히지 않으면 계급이 아무리 높아도 불만이요, 그래서 권력자는 폭군이 되고 폭군은 이웃까지 지배하려 한다.

① 삶의 요령   ② 편안한 삶을 위한 방법
③ 추구해야 하는 삶   ④ 지나침의 경계
⑤ 안빈낙도(安貧樂道)의 삶

(Tip) 무엇이든 지나치면 좋지 않다는 것을 강조하고 있는 글이다. 따라서 주제는 ④가 된다.

15 다음 글은 어떤 글을 쓰기 위한 서두 부분이다. 다음에 이어질 글을 추론하여 제목을 고르면?

> 우주선 안을 둥둥 떠다니는 우주비행사의 모습은 동화 속의 환상처럼 보는 이를 즐겁게 한다. 그러나 위아래 개념도 없고 무게도 느낄 수 없는 우주공간에서 실제 활동하는 것은 결코 쉬운 일이 아니다. 때문에 우주비행사들은 여행을 떠나기 전에 지상기지에서 미세중력(무중력)에 대한 충분한 훈련을 받는다. 그러면 무중력 훈련은 어떤 방법으로 하는 것일까?

① 무중력의 신비
② 우주선의 신비
③ 우주선과 무중력
④ 비행사의 무중력 훈련
⑤ 우주비행사의 자격 조건

 마지막 문장을 통해 무중력 훈련이 어떻게 이루어지는가에 대한 내용이 올 것이라는 것을 추론할 수 있다. 따라서 글의 제목은 '비행사의 무중력 훈련'이 된다.

Answer 13.③ 14.④ 15.④

16 다음 글의 요지를 가장 잘 정리한 것은?

> 신문에 실려 있는 사진은 기사의 사실성을 더해 주는 보조 수단으로 활용된다. 어떤 사실을 사진 없이 글로만 전할 때와 사진을 곁들여 전하는 경우에 독자에 대한 기사의 설득력에는 큰 차이가 있다. 이 경우 사진은 분명 좋은 의미에서의 영향력을 발휘한 경우에 해당할 것이다. 그러나 사진은 대상을 찍기 이전과 이후에 대해서 알려 주지 않는다. 어떤 과정을 거쳐 그 사진이 있게 됐는지, 그 사진 속에 어떤 속사정이 숨어 있는지에 대해서도 침묵한다. 분명히 한 장의 사진에는 어떤 인과 관계가 있음에도 그것에 관해 자세히 설명해 주지 못한다. 이러한 서술성의 부족으로 인해 사진은 사람을 속이는 증거로 쓰이는 경우도 있다. 사기꾼들이 권력자나 얼굴이 잘 알려진 사람과 함께 사진을 찍어서, 자신이 그 사람과 특별한 관계가 있는 것처럼 보이게 하는 경우가 그 예이다.

① 사진은 신문 기사의 사실성을 강화시켜 주며 어떤 사실의 객관적 증거로도 쓰인다.
② 사진은 사실성의 강화라는 장점을 지니지만 서술성의 부족이라는 단점도 지닌다.
③ 사진은 신문 기사의 사실성을 더해 주는 보조 수단으로서의 영향력이 상당하다.
④ 사진은 사실성이 높기 때문에 사람을 속이는 증거로 잘못 쓰이는 경우가 있다.
⑤ 사진은 서술성이 부족하기 때문에 사기꾼들에 의해 악용되는 경우가 많다.

 앞에서는 사진의 장점으로 '사실성의 강화'를 들고 있고, 뒤에서는 그 단점으로 '서술성의 부족'을 지적하고 있다. 따라서 ②가 중심 내용들을 바르게 파악하고 요약한 것에 해당한다.

17 다음 글의 내용으로 보아 빈칸에 들어갈 말이 순서대로 바르게 짝지어진 것은?

> 말은 돈과 같은 것이다. 과장된 말은 _____와(과) 같고, 약속을 실천하지 못하는 말은 흡사 _____와(과) 같으며, 의식적인 거짓말은 _____와(과) 같은 것이다. 이와 같은 말이 다반사인 인간 사회는 건전성을 가지지 못하며, 마침내는 붕괴를 면치 못할 것이다. 그렇기 때문에 말은 신용이 있어야 한다. 특히 정치가의 말은 _____와(과) 같이 정확해야 한다.

① 인플레, 위조 지폐, 부도 수표, 보증 수표

② 인플레, 부도 수표, 위조 지폐, 보증 수표

③ 부도 수표, 외상, 위조 지폐, 보증 수표

④ 위조 지폐, 부도 수표, 외상, 보증 수표

⑤ 위조 지폐, 외상, 부도 수표, 현금

(Tip) 과장과 인플레, 약속을 실천하지 못함과 부도 수표, 거짓과 위조 지폐, 신용있는 정치가와 보증 수표 사이에 유사점이 존재한다.

Answer 16.② 17.②

18 ⓛ이 ㉠의 예시 문장이 되도록 ⓛ을 가장 바르게 고쳐 쓴 것은?

> 20억 년 전에는 1% 정도였다고 추정되는 대기 중의 산소량이 어느 때쯤 현재에 가까운 양까지 증가되었는지 확실한 증거는 없다. 그러나 지질 연대에서 말하는 캄브리아기 이후에 생물 화석이 많이 발견되는 사실로 보아 늦어도 6억 년 전에는 상당량의 산소가 대기 중에 축적되었다고 추정된다. 산소의 축적은 산소 출현 전에 번식했던 많은 미생물에게는 생존 그 자체를 좌우하는 큰 변화였다. ㉠ 우리들에게 일산화탄소가 치명적이듯이 산소는 많은 미생물에게 유독하기 때문에 이들을 멸종시키기도 하고 산소가 적은 깊은 바다 밑으로 생존 장소를 옮기게도 했다. ⓛ 바다 밑 진흙 속은 산소의 해독으로부터 안전한 곳이어서 메탄 생산균과 같은 원시 미생물들이 많이 산다.

① 바다 밑 진흙 속은 산소가 적고 양분이 많아 메탄 생산균과 같은 원시 미생물이 생존하기에 가장 적합한 장소이다.

② 원시 미생물인 메탄 생산균은 바다 밑 진흙 속으로 생존 장소를 옮겨 산소의 해독을 피함으로써 오늘날까지 살아남게 되었다.

③ 캄브리아기는 메탄 생산균과 같은 원시 미생물이 산소의 해독을 피해 바다 밑 진흙 속으로 생존 장소를 옮긴 시기이다.

④ 산소는 안전한 바다 밑 진흙 속으로 생존의 장소를 옮긴 메탄 생산균을 제외한 대부분의 원시 미생물을 멸종시킬 만큼 그 해독이 강하다.

⑤ 바다 밑 진흙은 물과 진흙이 산소의 유입을 이중으로 차단해서 메탄 생산균과 같은 원시 미생물을 산소의 해독으로부터 안전하게 지켜 주었다.

Tip ⓛ이 ㉠의 예시가 되기 위해서는 ⓛ이 산소의 해독으로 말미암아 멸종한 미생물에 관한 것이거나 산소가 적은 바다 밑으로 생존 장소를 옮겨 생존하게 된 미생물에 관한 내용이어야 한다.

19 다음 글에 대한 비판으로 가장 타당한 것은?

> 우리 인간의 삶에 있어서 건강한 몸과 신체의 완전성은 행복의 첫째 조건이 된다고 볼 수 있다. 그러나 신체의 조건이 완전하지 못한 사람이라 할지라도, 자기의 신체적 조건에 알맞은 삶의 길을 열어 나가는 가운데에서 행복한 삶을 누릴 수 있으며, 일생 동안 지병(持病)을 앓으면서도 늘 절제(節制)하는 생활을 하고, 의지로써 어려움을 이겨 내면서, 인류사에 빛나는 업적을 남길 수도 있다. 실제로 우리 주변에서, 또는 지난날의 역사 속에서 그런 인물들을 찾아 볼 수 있다.
> 이런 사람들은 신체적으로 건강한 사람들보다 더 진한 감동을 주곤 한다.

① 부분과 전체가 일관성이 없다.
② 비문법적인 표현이 들어 있다.
③ 주제가 명료하게 제시되지 않았다.
④ 보편적인 통념에 어긋나는 내용이다.
⑤ 구체적인 내용의 뒷받침이 부족하다.

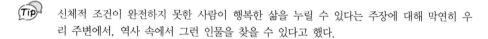 신체적 조건이 완전하지 못한 사람이 행복한 삶을 누릴 수 있다는 주장에 대해 막연히 우리 주변에서, 역사 속에서 그런 인물을 찾을 수 있다고 했다.

Answer 18.② 19.⑤

20 다음 내용을 순서에 맞게 배열한 것은?

> (가) 다만 이 원칙을 관철하면 후순위저당권자 등에게 불공평한 결과가 생길 수 있으므로, 공동저당권의 목적물인 부동산 전부를 경매하여 그 매각 대금을 동시에 배당하는 때에는 공동저당권자의 채권액을 각 부동산의 매각대금(경매대가)의 비율로 나누어 그 채권의 분담을 정한다.
>
> (나) 따라서 각 부동산에 관하여 그 비례안분액(比例按分額)을 초과하는 부분은 후순위저당권자에게 배당되고, 후순위저당권자가 없는 경우에 소유자에게 배당된다.
>
> (다) 저당권이란 채무자 또는 제3자가 채권의 담보로 제공한 부동산 기타 목적물을 담보제공자의 사용·수익에 맡겨두고, 채무변제가 없을 때에 그 목적물의 가액으로부터 우선 변제를 받을 수 있는 담보 물권을 말한다.
>
> (라) 채무자가 변제기에 변제하지 않으면 저당권자는 저당목적물을 현금화하여 그 대금으로부터 다른 채권자에 우선하여 변제를 받을 수 있다.
>
> (마) 한편 공동저당이란 동일한 채권을 담보하기 위하여 수 개의 부동산 위에 저당권을 설정하는 것을 말한다. 공동저당권자는 임의로 어느 저당목적물을 선택하여 채권의 전부나 일부의 우선변제를 받을 수 있다.

① (가)(나)(다)(라)(마)

② (나)(다)(라)(마)(가)

③ (다)(라)(마)(가)(나)

④ (라)(마)(가)(나)(다)

⑤ (마)(가)(나)(다)(라)

 (다) 저당권의 정의
(라) 채무변제가 불가한 경우 저당목적물을 현금화
(마) 공동저당의 정의
(가) 공동저당권자의 부동산의 매각대금의 비율로 배당
(나) 비례안분액을 초과하는 부분은 후순위저당권자에 배당

21 다음 글을 바탕으로 하여 빈칸을 쓰되 예시를 사용하여 구체적으로 진술하고자 할 때, 가장 적절한 것은?

> 사람들은 경쟁을 통해서 서로의 기술이나 재능을 최대한 발휘할 수 있는 기회를 갖게 된다. 즉, 개인이나 집단이 남보다 먼저 목표를 성취하려면 가장 효과적으로 목표에 접근하여야 하며 그러한 경로를 통해 경제적으로나 시간적으로 가장 효율적으로 목표를 성취한다면 사회 전체로 볼 때 이익이 된다. 그러나 이러한 경쟁에 전제되어야 할 것은 많은 사람들의 합의로 정해진 경쟁의 규칙을 반드시 지켜야 한다는 것이다. 즉, _____

① 규칙을 어겨 가며 목표를 성취하려는 자들이 있을 때에는 경쟁의 이점을 살릴 수 없기 때문에 경쟁은 지양되어야 한다.

② 21세기의 무한 경쟁 시대에 우리가 살아남기 위해서는 기초 과학 분야에 대한 육성 노력이 더욱 필요한 것이다.

③ 지구, 금성, 목성 등의 행성들이 태양을 중심으로 공전하는 것처럼 경쟁도 하나의 목표를 향하여 질서 있는 정진(精進)이 필요한 것이다.

④ 가수는 가창력이 있어야 하고, 배우는 연기에 대한 재능이 있어야 하듯이 경쟁은 자신의 적성과 소질을 항상 염두에 두고 이루어져야 한다.

⑤ 농구나 축구, 마라톤과 같은 운동 경기에서 규칙과 스포츠맨십이 지켜져야 하는 것처럼 경쟁도 합법적이고 도덕적인 방법으로 이루어져야 하는 것이다.

 경쟁은 둘 이상의 사람이 하나의 목표를 향해서 다른 사람보다 노력하는 것이며, 이 때 경쟁의 전제가 되는 것은 합의에 의한 경쟁 규칙을 반드시 지켜야 한다는 점이므로 빈칸에는 '경쟁에 정해진 규칙을 꼭 지키는 가운데서 이루어져야 한다'는 내용이 올 수 있을 것이다. 농구나 축구, 그리고 마라톤 등의 운동 경기는 자신의 소속 팀을 위해서 또는 자기 자신을 위해서 다른 팀이나 타인과 경쟁하는 것이며, 스포츠맨십은 규칙의 준수와 관련이 있으므로 글에서 말하는 경쟁의 한 예로 적합하다.

Answer ⟶ 20.③ 21.⑤

22 다음 중 ㉠~㉤에 들어갈 접속사로 적절하지 않은 것은?

> 교과서의 내용을 잘 이해하기 위해서는 다음과 같은 단계를 거쳐서 공부를 하는 것이 좋다. (㉠) 교과서의 대체적인 내용을 파악하기 위해 전체의 내용을 대강 훑어보도록 한다. (㉡) 교과서를 정독하면서 핵심적인 내용을 요약·정리하는 것이 좋다. (㉢) 잘 이해가 되지 않는 것이나 의심이 가는 내용에 대해서는 간단하게 메모를 하는 것이 좋다. (㉣) 수업 시간의 토론이나 시험에 대비하여 스스로 자기 진단을 해 보는 것도 좋은 방법이라고 할 수 있다. (㉤) 충분히 이해가 되지 않았거나 불확실하게 알고 있는 부분이 있다면 노트에 정리한 내용을 반복해서 검토하고 숙지해 두는 것이 바람직하다.

① ㉠ – 우선

② ㉡ – 그리고 나서는

③ ㉢ – 그렇지만

④ ㉣ – 또

⑤ ㉤ – 만일

> (Tip) 주어진 글은 교과서의 내용을 잘 이해하기 위한 효과적인 방법을 단계적으로 설명하고 있는 글이다. 이를 위해서 ㉠ (우선) 전체의 내용을 대강 훑어보고, ㉡ (그리고 나서는) 정독한 후 내용을 요약, 정리하는 것이 좋다. ㉢ (그래도) 잘 이해가 되지 않으면 간단히 메모를 하거나, ㉣ (또) 스스로 자기 진단을 하는 것이 좋다. ㉤ (만일) 아직도 이해가 되지 않는다면 정리한 내용을 반복해서 검토하고 숙지해야 한다.

23 다음 중 ( ) 안에 들어갈 말로 적절한 것은?

> 일반적으로 효소가 작용하는 물질을 기질이라 하는데, 하나의 기질에는 그것에만 반응하는 특이한 효소가 정해져 있어 동화·이화 작용을 하게 된다. 기질과 효소 사이의 이러한 관계는 흔히 ( )로 비유되는데, 이는 기질 작용 부위의 구조와 효소의 구조가 서로 맞아야만 반응이 일어나기 때문이다. 효소는 한 물질에만 반응하는 기질 특이성 이외에 농도, pH, 온도에 따라 다르게 반응을 하며, 효소의 종류에 따라 최적 조건도 다르다.

① 책상과 의자

② 자물쇠와 열쇠

③ 화물차와 승용차

④ 컴퓨터와 프린트기

⑤ 가정용 전화와 휴대용 전화

> (Tip) ( ) 뒤에 나오는 '기질 작용 부위의 구조와 효소의 구조가 서로 맞아야만 반응이 일어나기 때문이다.'라는 말로 볼 때, 서로의 구조가 맞는 것은 '자물쇠와 열쇠'의 관계이다.

24 다음 글을 읽고 알 수 있는 내용이 아닌 것은?

> 농업이 경제에서 차지하는 비중이 절대적이었던 청나라는 백성들로부터 토지세(土地稅)와 인두세(人頭稅)를 징수하였다. 토지세는 토지를 소유한 사람들에게 토지 면적을 기준으로 부과되었는데, 단위 면적당 토지세액은 지방마다 달랐다. 한편 인두세는 모든 성인 남자들에게 부과되었는데, 역시 지방마다 금액에 차이가 있었다. 특히 인두세를 징수하기 위해서 정부는 정기적인 인구조사를 통해서 성인 남자 인구의 변동을 정밀하게 추적해야 했다.
>
> 그러다가 1712년 중국의 황제는 태평성대가 계속되고 있음을 기념하기 위해서 전국에서 거두는 인두세의 총액을 고정시키고 앞으로 늘어나는 성인 남자 인구에 대해서는 인두세를 징수하지 않겠다는 법령을 반포하였다. 1712년의 법령 반포 이후 지방에서 조세를 징수하는 관료들은 고정된 인두세 총액을 토지세 총액에 병합함으로써 인두세를 토지세에 부가하는 형태로 징수하는 조세 개혁을 추진하기 시작했다. 즉 해당 지방의 인두세 총액을 토지 총면적으로 나누어서 얻은 값을 종래의 단위면적당 토지세액에 더하려 했던 것이다. 그런데 조세 개혁에 대한 반발 정도가 지방마다 달랐고, 반발정도가 클수록 조세 개혁은 더 느리게 진행되었다. 이때 각 지방의 개혁에 대한 반발정도는 단위면적당 토지세액의 증가율에 정비례 하였다.

① 1712년 중국의 황제는 전국에서 거두는 인두세의 총액을 고정시키고 늘어나는 성인 남자 인구에 대해서는 인두세를 징수하지 않겠다는 법령을 반포하였다.

② 조세 개혁에 대한 반발 정도가 지방마다 달랐고, 반발정도가 클수록 조세 개혁은 더 느리게 진행되었다.

③ 인두세는 모든 성인 남자들에게 부과되었는데, 지방마다 금액에 차이가 있었다.

④ 토지세는 토지를 소유한 사람들에게 부과되었는데, 토지세액은 지방마다 달랐다.

⑤ 1712년의 법령 반포 이후 관료들은 고정된 토지세 총액을 인두세 총액에 병합함으로써 토지세를 인두세에 부가하는 형태로 징수하는 조세 개혁을 추진하기 시작했다.

 ⑤ 1712년의 법령 반포 이후 지방에서 조세를 징수하는 관료들은 고정된 인두세 총액을 토지세 총액에 병합함으로써 인두세를 토지세에 부가하는 형태로 징수하는 조세 개혁을 추진하기 시작했다.

Answer ↱ 22.③ 23.② 24.⑤

┃25~26┃ 다음 글을 읽고 물음에 답하시오.

(가) 백두산은 넓은 의미로 우리나라의 북부와 만주의 남동부 지역에 걸쳐 있는 산지와 고원을 통틀어 가리키기도 하고(동서 310km, 남북 200km, 총면적 약 7만km^2), 좁은 의미로 백두산 주봉만을 가리키기도 한다.

그러나 일반적으로 백두산은 백두산체와 백두산 기슭까지를 포괄하는 범위를 말한다. 이렇게 볼 때, 백두산은 우리나라 함경도의 삼지연, 보천, 백암, 대흥단군과 중국 길림성의 안도, 무송, 장백조선족 자치현의 넓은 지역에 놓이게 된다. 백두산의 전체 넓이는 약 8,000km^{2}로 전라북도의 넓이와 비슷하다.

(나) 백두산이 이루어지기까지는 만장의 세월이 흘렀다. 백두산은 수십억 년 전에 기저가 이루어지고 지대가 발육한 뒤, 지금으로부터 약 1천만 년 전부터 화산 활동으로 형성되어 왔다. 오늘날의 백두산 일대는 본래 그리 높지 않은 언덕벌이었다. 그러다가 화산 분출로 현무암이 흘러내려 방패 모양의 용암 대지가 형성되고 다시 용암이 여러 차례 분출되어 종 모양의 기본 산체가 이루어졌다. 천지도 이 무렵에 화산 마루의 윗부분이 꺼져내려 형성되었다.

(다) 백두산은 원시 시대부터 오늘날에 이르기까지 우리 겨레의 역사와 깊은 관계를 맺어 왔다. 백두산 품에서 흘러내린 두만강가에는 원시인들이 모여 살았고, 백두산의 정기를 받은 고구려와 발해 사람들은 백두산에서 씩씩함과 슬기를 배워 찬란한 문화를 창조했으며, 백두산에 대한 수많은 전설과 설화가 우리 겨레의 생활 속에 녹아들었다. 그런가 하면 백두산은 우리 겨레가 북방 오랑캐 등 외적의 침입을 받을 때마다 안타까워하기도 하고, 봉건 통치배들의 억압과 수탈을 못이겨 두만강을 건너야 했던 조선 민중들을 어루만져 주기도 했다.

(라) 나라의 조종산(祖宗山)으로 일컬어져 왔던 백두산은 근대에 들어와 의병과 독립군, 항일 전사들에게 민족 해방 투쟁의 장을 마련해 줌과 동시에 그들에게 민족 해방의 꿈을 심어 주었다. 그리하여 백두 밀림과 만주 벌판은 일제 침략자들과 맞서 싸우는 격전장이 되었다. 1930년대 후반기에 이르러 항일 전사들은 백두산 기슭의 보천보와 대흥단벌에 진출하여 일제 침략자들을 격파했고, 그 일로 백두산은 식민지 민중에게는 별과도 같은 존재였다.

(마) 오늘날 백두산은 남북으로 헤어져 사는 겨레에게 하나된 조국의 상징으로 비쳐지고 있다. 사시 장철 머리에 흰눈을 인 백두산은 통일의 비원(悲願)을 안고 남녘의 지리산까지 달음박질쳐 백두대간을 이루고 있다. 백두산과 백두대간에 대해 나날이 높아지는 관심은 백두산에 우리 겨레의 지향과 요구가 반영되어 있음을 잘 보여 준다.

25 윗글의 내용과 일치하는 것은?

① 우리 겨레는 백두산에서 많은 북방 오랑캐들을 섬멸하였다.

② 백두산에 대한 보편적인 의미는 백두산 주봉과 백두산체이다.

③ 백두 밀림과 만주 벌판은 항일 운동의 치열한 무대가 되었다.

④ 백두산은 화산 활동으로 형성된 뒤 지대가 발육하여 형성되었다.

⑤ 백두산에서 한라산까지의 백두대간은 통일의 희망을 나타내고 있다.

> **Tip** ㈜에서 '백두 밀림과 만주 벌판은 일제 침략자들과 맞서 싸우는 격전장이 되었다.'에서 ③이 정답임을 알 수 있다.

26 ㈎ ～ ㈏의 중심 화제로 알맞은 것은?

① ㈎ : 백두산의 명칭

② ㈏ : 백두산의 형성 과정

③ ㈐ : 백두산에 얽힌 전설

④ ㈑ : 백두산의 전략적 가치

⑤ ㈒ : 백두산과 백두대간의 관계

> **Tip** ㈎는 백두산의 지리적 개관이다. ㈏는 형성 과정이므로 ②가 정답이다. ㈐는 근대 이전에 우리 겨레와의 관계, ㈑는 근대의 우리 겨레와의 관계이며, ㈒는 현대에 있어 백두산의 상징적 의미인 통일을 다루고 있다.

Answer ↳ 25.③ 26.②

27 다음 글의 중심 화제로 적절한 것은?

> 전통은 물론 과거로부터 이어 온 것을 말한다. 이 전통은 대체로 그 사회 및 그 사회의 구성원인 개인의 몸에 배어 있는 것이다. 그러므로 스스로 깨닫지 못하는 사이에 전통은 우리의 현실에 작용하는 경우가 있다. 그러나 과거에서 이어 온 것을 무턱대고 모두 전통이라고 한다면, 인습이라는 것과의 구별이 서지 않을 것이다. 우리는 인습을 버려야 할 것이라고는 생각하지만, 계승해야 할 것이라고는 생각하지 않는다. 여기서 우리는, 과거에서 이어 온 것을 객관화하고, 이를 비판하는 입장에 서야 할 필요를 느끼게 된다. 그 비판을 통해서 현재의 문화 창조에 이바지할 수 있다고 생각되는 것만을 우리는 전통이라고 불러야 할 것이다. 이같이, 전통은 인습과 구별될뿐더러, 또 단순한 유물과도 구별되어야 한다. 현재의 문화를 창조하는 일과 관계가 없는 것을 우리는 문화적 전통이라고 부를 수가 없기 때문이다.

① 전통의 본질   ② 인습의 종류
③ 문화 창조의 본질   ④ 외래 문화 수용 자세
⑤ 인습과 유물의 차이점

(Tip) 전통은 과거로부터 이어온 것 중 현재의 문화 창조에 이바지할 수 있는 것만을 말한다. 인습이나 유물은 현재 문화 창조에 이바지할 수 없으므로 전통과는 구별되어야 한다는 것이 글의 중심 내용이다.

28 다음 중 필자의 생각과 거리가 먼 것은?

> 감염성 질병이란 단지 감염을 초래하는 미생물이 환경에 존재한다고 발생하는 것이 아니다. 질병은 미생물의 활동과 인간 활동 간의 상호작용으로 초래된다. 병원균에 의한 대부분의 감염현상은 감염되는 개체의 밀도와 수에 의존한다. 문명의 발달로 인구밀도가 높아짐에 따라 이전에는 인간에게 거의 영향을 줄 수 없었던 병원균들이 인간사회의 주변에 생존하면서 질병을 일으키게 되었다. 인간 활동이 질병을 초래하는 매체들의 서식지 등에 영향을 주면서 이러한 현상이 발생하였다. 말라리아와 같은 질병은 인간이 정주생활과 농경을 위해 대규모로 토지를 개간함으로써 흐르지 않는 물이 늘어나 모기 등의 서식지를 확대시켰기 때문에 발생하였다.
>
> 인간의 정주생활은 특정 병원매체와 인간의 계속적인 접촉을 가능하게 하였다. 회충, 촌충과 같은 기생충은 일정기간을 인간의 신체 밖에서 성장하는데 인간이 정주생활을 함에 따라 병원체의 순환이 가능해졌다. 현대의 많은 질병은 인간이 식용 목적으로 동물을 사육함에 따라 동물의 질병이 인간에게 전파된 것들이다. 예를 들어 홍역은 개와 소에서, 독감은 돼지, 닭, 오리에서, 감기는 말에서 인간에게 전염되었다. 식생활의 변화, 위생관리상태 등도 영향을 주었는데 특히 무역과 교류의 확대는 질병을 확산시켰다. 예를 들어, 홍역, 천연두, 결핵, 페스트, 유행성 이하선염, 발진티푸스 등은 콜럼버스나 이후의 탐험가들에 의해 유럽에서 신대륙으로 옮겨졌다.

① 인간의 정주생활은 특정 병원매체와 인간의 간헐적인 접촉을 가능하게 하였다.

② 이전에는 거의 영향을 줄 수 없었던 병원균들이 문명의 발달로 인간에게 질병을 일으키게 되었다.

③ 말라리아의 발생은 인간의 정주생활과 밀접한 관계가 있다.

④ 현대의 많은 질병은 인간이 동물을 사육함에 따라 동물의 질병이 인간에게 전파된 것들이다

⑤ 홍역은 개와 소에서, 독감은 돼지, 닭, 오리에서 인간에게 전염되었다.

 ① 인간의 정주생활은 특정 병원매체와 인간의 계속적인 접촉을 가능하게 하였다.

다음 글의 내용과 일치하지 않는 것은?

> 사람들이 지구 환경 보호를 위해 펼쳐 온 그 동안의 여러 활동들은 기존의 환경 정책을 전혀 변화시키지 못했다. 지금 진행되고 있는 기존의 환경 보호 활동의 문제는 다음의 세 가지로 압축할 수 있는데 첫째, 현재의 방식으로는 아무런 진전도 가져올 수 없다는 것에 대한 인식이 퍼지고 있다는 것과 둘째, 그 대신 해야 할 일이 무엇인가는 대체로 명확히 알려져 있으며, 셋째, 그럼에도 불구하고 실제로는 해야 할 아무 일도 하지 않고 있다는 점이다.
>
> 왜 그러한가? 다양한 이유가 있겠지만 그 중에서도 경제적인 이해(利害)관계에 얽힌 측면이 매우 강하게 작용하고 있다는 것은 주지의 사실이다. 환경 정책과 상반되는 경제적 이해(利害)가 얽혀 있어서 '개발과 보호'의 관점이 서로 맞서고 있는 것이다. 그러나 그것이 이유일 수는 없다. 환경 문제는 '누가 어떤 이해 관계를 가지고 있는가?'의 문제가 아니라, '왜 그러한 이해 관계가 유지되게 되었는가?'에 대한 근본적인 물음에 대한 해답이 먼저 나와야 할 문제이기 때문이다.
>
> 경제 발달과 함께 우리의 생존 조건에 대한 파괴가 진행되고 있음을 부인하는 사람은 없을 것이다. 인간의 이해 관계가 얽혀 인간이 인간답게 살 수 있는 길, 즉 우리가 생명으로 복귀하는 일은 점점 더 멀어져감과 동시에 서서히 파멸에 이르는 길로 접어들고 있다.
>
> 이런 문제가 발생하게 된 근본적 요인은 인간의 자연에 대한 의식에서 비롯된다. 생명으로 복귀한다는 것은 다른 생명체들이 인간을 위해 존재하는 것이 아니라, 인간과 더불어 이 세상에 존재한다는 것을 인식한다는 것이다. 즉 각각의 생명체들이 자신만의 독특한 생활 공간을 필요로 하며, 인간 역시 이러한 다양한 생명체들 중의 하나로 자연 속에서 인간만의 독특한 생활 환경을 구성해 나가는 자연의 일부분이라는 점을 인식하는 것이다.
>
> 근대 산업사회를 거치면서 사람들은 이러한 사실을 오해하여 이 세상 전체가 인간의 생활 공간이라고 생각해왔다. 그래서 인간을 중심으로 인간의 환경만을 유일하게 존재하는 환경이라고 생각하고 그것만 보호하면 된다고 여겼다. 이런 생각 때문에 인간은 자연과의 관계에서 위기를 불러일으킨 것이다.
>
> 우리는 다른 생명체들의 환경이 갖는 개별성을 인정하지 않았기에 인간의 생활 공간 내에 그들의 생활 공간을 조금 내주었다. 자연 전체 속에서 인간 이외의 다른 생명체들의 고유한 감각과 가치를 보지 못하고 마치 그들이 우리 인간을 위해 존재해 온 것처럼 생각하고 행동해 왔다. 인간의 환경이라는 생각으로 세계가 단지 인간만을 위해 존재하는 것으로 보아 온 것이다. 그러기에 환경에 대한 개념 자체도 왜곡되었다. 지금까지의 환경 정책을 특징지어 온 이런 오류들로부터 벗어나기 위해서는 인간 세계 이외의 다른 세계 모두를 우리의 공생계(共生界)로 생각하고 이런 생각의 바탕 위에서 환경 문제를 다루지 않으면 안 된다.

① 경제 문제는 환경 문제와 밀접하게 관련되어 있다.

② 근대 산업 사회에 접어들면서 환경 파괴가 더욱 심해졌다.

③ 인간 이외의 다른 생명체들도 지구상에서 자신들의 생활 공간을 가질 권리가 있다.

④ 환경 보호를 위한 기존의 여러 활동들은 환경 정책을 변화시키는 데 크게 기여하였다.

⑤ 생명으로 복귀한다는 것은 인간과 다른 생명체들이 더불어 존재한다는 것을 인식함을 의미한다.

 인간들이 환경 문제에 대해 많은 관심을 갖고 다양한 활동을 펼쳐 왔으나 기존의 여러 활동들이 환경 정책에 아무런 변화를 주지 못했음을 제시하고 이를 문제삼고 있다. 아울러 인간들이 해야 할 일이 밝혀졌지만 실제로 행하지 않고 있음을 첫째 단락에서 지적하고 있다.

Answer ☞ 29.④

30 다음 글이 독자에게 감동을 주는 이유로 가장 알맞은 것은?

워싱턴의 대추장이 우리 땅을 사고 싶다는 전갈을 보내왔다. 대추장은 우정과 선의의 말도 함께 보냈다. 그가 답례로 우리의 우의를 필요로 하지 않는다는 것을 잘 알고 있으므로 이는 그로서는 친절한 일이다. 하지만 우리는 그대들의 제안을 진지하게 고려해볼 것이다. 우리가 땅을 팔지 않으면 백인이 총을 들고 와서 우리 땅을 빼앗을 것임을 우리는 잘 알고 있다.

워싱턴 대추장이 우리 땅을 사고 싶다는 전갈을 보내온 것은 곧 우리의 거의 모든 것을 달라는 것과 같다. 대추장은 우리만 따로 편히 살 수 있도록 한 장소를 마련해 주겠다고 한다. 그는 우리의 아버지가 되고 우리는 그의 자식이 되는 것이다. 그러니 우리 땅을 사겠다는 그대들의 제안을 잘 고려해보겠지만, 우리에게 있어 이 땅은 거룩한 것이기에 그것은 쉬운 일이 아니다. 개울과 강을 흐르는 이 반짝이는 물은 그저 물이 아니라 우리 조상들의 피다. 만약 우리가 이 땅을 팔 경우에는 이 땅이 거룩한 것이라는 걸 기억해 달라.

백인은 우리의 방식을 이해하지 못한다는 것을 우리는 알고 있다. 백인에게는 땅의 한 부분이 다른 부분과 똑같다. 그는 한밤중에 와서는 필요한 것을 빼앗아 가는 이방인이기 때문이다. 땅은 그에게 형제가 아니라 적이며, 그것을 다 정복했을 때 그는 또 다른 곳으로 나아간다. 백인은 거리낌없이 아버지의 무덤을 내팽개치는가 하면 아이들에게서 땅을 빼앗고도 개의치 않는다. 아버지의 무덤과 아이들의 타고난 권리는 잊혀지고 만다. 백인은 어머니인 대지와 형제인 저 하늘을 마치 양이나 목걸이처럼 사고 약탈하고 팔 수 있는 것으로 대한다. 백인의 식욕은 땅을 삼켜 버리고 오직 사막만을 남겨놓을 것이다.

우리는 우리의 땅을 사겠다는 그대들의 제의를 고려해보겠다. 그러나 제의를 받아들일 경우 한 가지 조건이 있다. 즉 이 땅의 짐승들을 형제처럼 대해야 한다는 것이다. 나는 미개인이니 달리 생각할 길이 없다. 나는 초원에서 썩어가고 있는 수많은 물소를 본 일이 있는데 모두 달리는 기차에서 백인들이 총으로 쏘고는 그대로 내버려둔 것들이었다. 연기를 뿜어대는 철마가 우리가 오직 생존을 위해서 죽이는 물소보다 어째서 더 중요한지를 모르는 것도 우리가 미개인이기 때문인지 모른다. 짐승들이 없는 세상에서 인간이란 무엇인가? 모든 짐승이 사라져버린다면 인간은 영혼의 외로움으로 죽게 될 것이다. 짐승들에게 일어난 일은 인간들에게도 일어나기 마련이다. 만물은 서로 맺어져 있다.

백인들 또한 언젠가는 알게 되겠지만 우리가 알고 있는 한가지는 우리 모두의 하느님은 하나라는 것이다. 그대들은 땅을 소유하고 싶어하듯 하느님을 소유하고 있다고 생각하는지 모르지만 그것은 불가능한 일이다. 하느님은 인간의 하느님이며 그의 자비로움은 인디언에게나 백인에게나 꼭 같은 것이다. 이 땅은 하느님에게 소중한 것이므로 땅을 헤치는 것은 그 창조주에 대한 모욕이다. 백인들도 마찬가지로 사라져 갈 것이다. 어쩌면 다른 종족보다 더 빨리 사라질지 모른다.

그러므로 우리가 땅을 팔더라도 우리가 사랑했듯이 이 땅을 사랑해 달라. 우리가 돌본 것처럼 이 땅을 돌보아 달라. 당신들이 이 땅을 차지하게 될 때 이 땅의 기억을 지금처럼 마음속에 간직해 달라. 온 힘을 다해서, 온 마음을 다해서 그대들의 아이들을 위해 이 땅을 지키고 사랑해 달라. 하느님이 우리 모두를 사랑하듯이.

① 백인에 대한 굴욕적인 어투가 독자로부터 동정심을 얻고 있다.
② 백인의 이성에 호소하는 환경 친화적 발언이 심금을 울리고 있다.
③ 유토피아 제시를 통하여 백인의 문명을 통쾌하게 공격하고 있다.
④ 백인의 문명에 대한 일관된 비판적 자세가 독자들의 공감을 얻고 있다.
⑤ 비극적인 상황에서도 감정을 자제하는 태도가 오히려 설득력을 얻고 있다.

 이 글은 백인에게 거의 쫓겨나다시피한 입장에 있으면서도 백인들을 공격하기보다는 자신들이 사랑했던 자연에 대해 형제처럼 아끼고 사랑해 줄 것을 설득하려고 노력하는 관용의 자세를 보이고 있다.

Answer 30.⑤

31 다음 글을 교지의 과학란에 싣고자 할 때 제목으로 가장 적절한 것은?

1992년 6월에 브라질의 리우데자네루에서 개최되었던 '유엔 환경 개발 회의'는 생물의 종에 대한 생각을 완전히 바꾸는 획기적인 계기를 마련하였다. 그 까닭은, 한 나라가 보유하고 있는 생물의 종 수는 곧 그 나라의 생물 자원의 양을 가늠하는 기준이 되며, 동시에 장차 그 나라의 부를 평가하는 척도가 될 수 있다는 점을 일깨워 주었기 때문이다. 아울러, 생물 자원은 장차 국제 사회에서 자국의 이익을 대변하는 무기로 바뀔 수 있음을 예고하였다. 그래서 생물 자원의 부국들, 이를테면 브라질, 멕시코, 마다가스카르, 콜롬비아, 자이르, 오스트레일리아, 인도네시아 등은 현재 전 세계를 대표하는 경제 부국으로 일컬어지는 G(Group)-7 국가들처럼, 전 세계에서 생물 자원을 가장 많이 가지고 있는 자원 부국들이라 하여 'M(Megadiversity)-7 국가들'로 불리고 있다. 우연히도 G-7 국가들이 전 세계 부의 54%를 소유하고 있는 것처럼, 이들 M-7 국가들도 전 세계 생물 자원의 54%를 차지하고 있어서, 이들이 이 생물 자원을 무기로 삼아 세계의 강대국으로 군림할 날이 머지 않았으리라는 전망도 나오고 있다.

생물 다양성이란, 어떤 지역에 살고 있는 생물 종의 많고 적음을 뜻하는 말이라고 할 수 있다. 한 지역에 살고 있는 생물의 종류가 많고 다양하다는 것은, 그 지역에 숲이 우거지고 나무들이 무성하며, 각종 동식물이 생활하기에 알맞은 풍요로운 환경을 이루고 있다는 것을 뜻한다. 따라서 이와 같은 환경 조건은 사람들이 살기에도 좋은 쾌적한 곳이 되기 때문에 생물 다양성은 자연 환경의 풍요로움을 평가하는 지표로 이용되기도 한다. 생물학적으로 생물 다양성이라는 말은 지구상에 서식하는 생물 종류의 다양성, 그러한 생물들이 생활하는 생태계의 다양성, 그리고 생물이 지닌 유전자의 다양성 등을 총체적으로 지칭하는 말이다.

20세기 후반에 들어와 인류는 이와 같이 중요한 의미를 지니고 있는 생물 자원이 함부로 다루어질 때 그 자원은 유한할 수 있다는 데 주목하였다. 실제로 과학자들은 지구상에서 생물 다양성이 아주 급격히 감소하고 있다는 사실을 깨닫고 크게 놀랐다.

그리고 이러한 생물 종 감소의 주된 원인은 그 동안 인류가 자연 자원을 남용해 이로 인하여 기후의 변화가 급격히 일어난 때문이며, 아울러 산업화와 도시화에 따른 자연의 파괴가 너무나 광범위하게 또 급격히 이루어졌기 때문이라는 사실을 알게 되었다.

이 생물 다양성 문제가 최근에 갑자기 우리의 관심 대상으로 떠오르게 된 것은, 단순히 쾌적하고 풍요로운 자연 환경에 대한 그리움 때문에서가 아니라 생물종의 감소로 인하여 부각될 인류의 생존 문제가 심각하기 때문이다.

① 미래 산업과 유전 공학

② 생물 자원과 인류의 미래

③ 국제 협약과 미래의 무기

④ 환경보호와 산업화의 공존

⑤ M-7의 가입과 우리의 과제

 본문의 전체적인 내용은 '생물종의 감소는 인류의 생존 문제와 직결된다.'는 내용이다. 이 내용을 포괄할 수 있는 제목은 ②가 된다.

32 다음 상황에 어울리는 사자성어로 적절한 것은?

> 나당연합군에 의하여 고구려가 멸망하면서 당은 평양에 안동도호부를 설치하고, 대동강 이남의 지역을 신라에게 돌려준다는 약속을 어기고 한반도 전체를 지배하려는 야욕을 보이게 된다. 이에 신라는 고구려 부흥군을 지원하고 백제의 옛 땅을 수복하기 위하여 당군이 주둔하고 있던 사비성을 함락시키고 웅진 도독부를 폐지하게 되는데, 이에 당은 신라와 전쟁을 일으키며 매소성과 기벌포에서 대패하면서 한반도를 포기하게 된다. 비록 신라가 삼국 통일을 이루었지만 살아남은 고구려인들은 나라가 없어지는 슬픔과 대동강 이북의 영토를 당나라에 빼앗긴 데에 한탄을 하였다.

① 와신상담　　　　　　　　　② 순망치한

③ 맥수지탄　　　　　　　　　④ 경국지색

⑤ 토사구팽

 ③ 고국의 멸망을 한탄함을 이르는 말
① 원수를 갚거나 마음먹은 일을 이루기 위하여 온갖 어려움과 괴로움을 참고 견딤을 비유적으로 이르는 말
② 서로 이해관계가 밀접한 사이에 어느 한쪽이 망하면 다른 한쪽도 그 영향을 받아 온전하기 어려움을 이르는 말
④ 뛰어나게 아름다운 미인을 이르는 말
⑤ 필요할 때는 쓰고 필요 없을 때는 야박하게 버리는 경우를 이르는 말

Answer ⮑ 31.② 32.③

33~34 다음 글을 읽고, 물음에 답하시오.

　방송의 발달은 가정에서 뉴스, 교양, 문화, 예술 등을 두루 즐길 수 있게 한다는 점에서 일상 생활 양식에 큰 변화를 가져왔다. 영국 런던의 공연장에서 열창하는 파바로티의 모습이나, 미국의 야구장에서 경기하는 박찬호의 멋진 모습을 한국의 안방에서 위성 중계 방송을 통해 실시간으로 볼 수 있게 되었다. 대중들은 언제라도 고급 문화나 대중 문화를 막론하고 모든 종류의 문화 예술이나 오락 프로그램을 저렴한 비용으로 편안하게 즐길 수 있게 된 것이다. 방송의 발달이 고급 문화와 대중 문화의 경계를 허물어 버린 셈이다.

　20세기 말에 들어와 위성 텔레비전 방송과 인터넷 방송이 발달하면서, 고급 문화와 대중 문화의 융합 차원을 넘어 전 세계의 문화가 더욱 융합하고 혼재하는 현상을 보이기 시작했다. 위성 방송의 발전 및 방송 프로그램의 국제적 유통은 국가간, 종족간의 문화 차이를 좁히는 기능을 했다. 이렇게 방송이 세계의 지구촌화 현상을 더욱 가속화하면서, 세계 각국의 다양한 민족이 즐기는 대중 문화는 동질성을 갖게 되었다.

　최근 들어 디지털 위성 방송, HDTV, VOD 등 방송 기술의 눈부신 발전은, 방송이 다룰 수 있는 내용의 범위와 수준을 이전과 비교할 수 없을 만큼 높이 끌어올렸고, 우리의 일상 생활 패턴까지 바꾸어 놓았다. 또한, 이러한 기술의 발전으로 인해 방송은 오늘날 매우 중요한 광고 매체의 하나로 자리잡게 되었다. 방송이 지닌 이와 같은 성격은 문화에 큰 영향을 주는 요인으로 작용했다고 할 수 있다. 커뮤니케이션 학자 마샬 맥루한은 방송의 이러한 성격과 관련하여 "미디어는 곧 메시지이다."라고 말한 바 있다. 이 말은 방송의 기술적, 산업적 기반이 방송의 내용에 매우 큰 영향을 끼친다는 의미로 해석할 수 있다. 요즘의 대중 문화는 거의 매스 미디어에 의해 형성된다고 해도 과언이 아닐 정도로 방송의 기술적 측면이 방송의 내용적 측면, 즉 문화에 미치는 영향은 크다.

　이러한 방송의 위상 변화는 방송에 의한 대중 문화의 상업주의적, 이데올로기적 성격을 그대로 드러내 준다. 이를 단적으로 보여 주는 한 가지 예가 '스타 현상'이다. 오늘날의 사회적 우상으로서 대중의 사랑을 한 몸에 받는 마이클 잭슨, 마이클 조던, 서태지 등은 방송이 만들어 낸 대중 스타들이다. 이러한 슈퍼 스타들은 대중의 인기로 유지되는 문화 산업 시장을 독점하기 위해 만들어진 문화 상품이다. 현대 사회에서 문화 산업 발전의 첨병(尖兵)으로 방송이 만들어 낸 스타들은 로웬달이 말하는 '소비적 우상들'인 것이다. 이러한 대중 문화 우상들의 상품화를 배경으로 하여 형성된 문화 산업 구조는 대중을 정치적 우중(愚衆)으로 만들기도 한다.

　앞으로도 방송의 기술적, 산업적 메커니즘은 대중 문화에 절대적인 영향을 미칠 것으로 예상된다. 방송 메커니즘은 다양하면서도 차별화된 우리의 문화적 갈증을 풀어 주기도 하겠지만, 대중 문화의 상업주의, 소비주의, 향락주의를 더욱 심화시킬 우려 또한 크다. 21세기의 대중 문화가 보다 생산적이고 유익한 것이 되고 안 되고는, 우리가 방송에 의한 폐해를 경계하는 한편, 방송 내용에 예술적 가치, 진실성, 지적 성찰 등을 얼마나 담아낼 수 있는가에 달려 있다.

33 윗글에 대한 설명으로 적절하지 않은 것은?

① 방송이 문화에 미치는 영향력을 고찰하고 있다.

② 전문가의 견해를 인용하여 논지를 강화하고 있다.

③ 구체적 사례를 들어 방송의 특성을 부각시키고 있다.

④ 방송의 속성을 친숙한 대상에 빗대어 설명하고 있다.

⑤ 기술 발전에 따른 방송의 위상 변화를 서술하고 있다.

 이 글은 방송의 발달이 문화에 끼치는 영향과 방송의 위상 변화를 방송의 기술적·산업적 성격을 바탕으로 서술하고 나서 방송 매체에 대한 비판 정신을 가져야 함을 주장하고 있다. 논의 과정에서 구체적 사례를 들고, 전문가의 견해를 인용하고는 있으나 친숙한 대상에 빗대어 유추하고 있는 것은 아니다.

34 윗글을 읽고 난 학생들의 반응이다. 윗글의 핵심에 가장 가까운 것은?

① 고급 문화와 대중 문화의 정체성을 확보하는 일이 중요하다는 말이군.

② 대중 문화에 미치는 방송의 부정적 영향을 경계해야 한다는 말이군.

③ 문화 산업 시장을 독점하기 위한 전략을 만드는 일이 중요하다는 말이군.

④ 스타 시스템을 통해 문화 산업 발전의 첨병을 만들어 내야 한다는 말이군.

⑤ 매스 미디어의 기술적, 산업적 메커니즘을 광고 매체에 활용하자는 말이군.

 글쓴이는 방송 메커니즘의 양면성에 대해 언급하고 나서, 21세기 대중 문화가 생산적이고 유익한 것이 되고 안 되고는 우리가 매스 미디어의 내용에 어떤 가치를 담아 내느냐에 달려 있다고 강조하고 있다. 이는 결국 우리가 대중 문화 및 대중 문화에 큰 영향력을 미치는 매스 미디어에 대해 비판 정신을 갖추어야 함을 강조한 것으로 볼 수 있다.

Answer → 33.④ 34.②

35 다음 중 '@ : ⓑ'의 의미 관계와 가장 유사한 것은?

> 지구의 대기는 열을 흡수함으로써 지상의 생물을 보호하는 역할을 한다. 태양은 지구를 따뜻하게 할 에너지를 공급해 주고, 지구는 태양 에너지를 우주 공간으로 반사하여 되돌려 보낸다. 그런데 대기를 이루고 있는 성분 중에서 수증기나 @ 이산화탄소 같은 성분은 지구가 우주로 복사하는 열의 일부를 지표면으로 되돌린다. 마치 열을 가두어 농작물을 한파로부터 보호하는 온실(溫室)과도 같은 기능을 하는 것이다. 대기의 이러한 작용을 온실 효과라고 하고, 이런 효과를 유발하는 대기 중의 성분을 ⓑ 온실 기체라고 한다. 생물이 살아가기에 적당한 온도를 지구가 일정하게 유지하는 것은 대기 중에 온실 기체가 있기 때문이라고 할 수 있다.

① 의자 : 책상

② 서점 : 책방

③ 날짐승 : 길짐승

④ 봉산탈춤 : 전통극

⑤ 소프트웨어 : 하드웨어

 '이산화탄소'는 각종 공해 물질이나 수증기와 더불어 '온실 기체'의 하위 사례를 이룬다. 그러므로 @는 ⓑ의 하위어에 해당한다. '봉산탈춤'은 '양주 별산대 놀이', '통영 오광대 놀이' 등과 더불어 '전통극'의 하위 개념에 해당한다.

36 ⊙의 의미로 적절한 것은?

> 1) 혐의거래보고의 대상
> 금융기관 등은 ① 원화 2천만 원 또는 외화 1만 달러 상당 이상의 거래로서 금융재산이 불법재산이거나 금융거래 상대방이 자금세탁행위를 하고 있다고 의심할 만한 합당한 근거가 있는 경우, ② 범죄수익 또는 자금세탁행위를 알게 되어 수사기관에 신고한 경우에는 의무적으로 금융정보분석원에 혐의거래보고를 하여야 한다.
> 의무보고대상거래를 보고하지 않을 경우에는 관련 임직원에 대한 징계 및 기관에 대한 과태료 부과 등 적절한 제재 조치를 할 수 있다. 또한, 혐의거래 중 거래액이 보고대상 기준금액 미만인 경우에 금융기관은 이를 자율적으로 보고할 수 있다.
> 2) 혐의거래보고의 방법 및 절차
> 영업점직원은 업무지식과 전문성, 경험을 바탕으로 고객의 평소 거래상황, 직업, 사업내용 등을 고려하여 취급한 금융거래가 혐의거래로 의심되면 그 내용을 보고책임자에게 보고한다.
> 보고책임자는 특정금융거래정보보고 및 감독규정의 별지서식에 의한 혐의거래보고서에 보고기관, 거래상대방, 의심스러운 거래내용, 의심스러운 ⊙합당한 근거, 보존하는 자료의 종류 등을 기재하여 온라인으로 보고하거나 문서로 제출하되, 긴급한 경우에는 우선 전화나 팩스로 보고하고 추후 보완할 수 있다.

① 어떤 기준, 조건, 용도, 도리 따위에 꼭 알맞다.
② 모자라거나 부족한 것을 보충하여 완전하게 하다.
③ 일에 관한 내용이나 결과를 말이나 글로 알리다.
④ 문안(文案)이나 의견, 법안(法案) 따위를 내다.
⑤ 확실히 알 수 없어서 믿지 못하다.

 ② 보완하다
③ 보고하다
④ 제출하다
⑤ 의심하다.

1972년 프루지너는 병에 걸린 동물을 연구하다가, 우연히 정상 단백질이 어떤 원인에 의해 비정상적인 구조로 변하면 바이러스처럼 전염되며 신경 세포를 파괴한다는 사실을 밝혀냈다. 프루지너는 이 단백질을 '단백질(protein)'과 '바이러스 입자(viroid)'의 합성어인 '프리온(prion)'이라 명명하고 이를 학계에 보고했다.

프루지너가 프리온의 존재를 발표하던 당시, 분자생물학계의 중심이론은 1957년 크릭에 의해 주창된 '유전 정보 중심설'이었다. 이 이론의 핵심은 유전되는 모든 정보는 DNA 속에 담겨 있다는 것과, 유전 정보는 핵산(DNA, RNA)에서 단백질로만 이동이 가능하다는 것이다. 크릭에 따르면 모든 동식물의 세포에서 DNA의 유전 정보는 DNA로부터 세포핵 안의 또 다른 핵산인 RNA가 전사되는 과정에서 전달되고, 이 RNA가 세포질로 나와 단백질을 합성하는 번역의 과정을 통해 단백질로의 전달이 이루어진다. 따라서 단백질은 핵산이 없으므로 스스로 정보를 저장할 수 없고 자기 복제할 수 없다는 것이다.

그런데 프루지너, 프리온이라는 단백질은 핵산이 아예 존재하지 않음에도 자기 복제를 한다고 주장하였다. 이 주장은 크릭의 유전 정보 중심설에 기반을 둔 분자생물학계의 중심 이론을 흔들게 된다. 아직 논란이 끝난 것은 아니지만 '자기 복제하는 단백질'이라는 개념이 분자생물학자들에게 받아들여지기까지는 매우 험난한 과정이 필요했다. 과학자들은 충분하지 못한 증거를 가진 주장에 대해서는 매우 보수적일 뿐만 아니라, 기존의 이론으로 설명할 수 없는 현상을 대했을 때는 어떻게든 기존의 이론으로 설명해내려 노력하기 때문이다. 프루지너가 프리온을 발견한 공로로 노벨 생리학·의학상을 받은 것은 1997년에 이르러서였다.

사실 프루지너에 앞서 1965년에도 효모를 이용한 유전학 실험에서 기존의 유전 법칙을 따르지 않는 유전 현상이 발견된 바 있으나 대부분의 과학자들은 기존 이론으로만 설명하려고 하였다. 결국 수십 년이 지난 뒤에 이러한 현상의 배후에 [PSI+]라는 프리온이 존재하고 있음이 밝혀짐으로써 비로소 주목받기 시작했다. 밝혀진 결과에 따르면 Sup35라는 정상적인 단백질이 어떤 이유에서인지 일단 [PSI+]로 변화되고 나면, 이 [PSI+]가 곧 주위의 다른 Sup35 단백질을 [PSI+]로 변화시키며 유전된다는 것이다.

여기서 더 나아가 프리온의 존재는 분자생물학 뿐 아니라 생물학 전체를 뒤흔들만한 가설로 이어지고 있다. 2000년 린드퀴스트 교수는 효모를 프리온이 있는 것과 없는 것으로 나눈 다음, 이 두 부류가 150가지 이상의 서로 다른 성장 조건에서 얼마나 잘 적응하는지를 실험하였다. 그는 이 실험을 통하여 프리온을 가진 효모가 그렇지 않은 것보다 적응도가 더 높다는 결과를 얻었다. 이는 프리온이 환경 변화에 대한 적응도를 높일 가능성이 있음을 시사한다. 진화론에서는 환경의 변화에 따른 유전형의 변화를 하나의 산 정상에서 다른 산의 정상으로 가는 등반에 비유하곤 하는데, 린드퀴스트는 프리온이 성공적인 등반을 쉽게 해주는 유전학적 스위치일 수 있다고 주장한다. 구체적으로 표현하면 프리온이 (㉠)는 것이다. 린드퀴스트의 이 가설은 현재 진화력(進化力)과 관련하여 생물학계의 화두가 되고 있다.

37 윗글을 통해 확인할 수 있는 정보로 적절하지 않은 것은?

① 단백질이 '프리온'으로 변하는 원인

② '프리온'의 발견이 생물학계에 미친 영향

③ 프루지너가 '프리온'을 발견하게 된 계기

④ '유전 정보 중심설'에서 유전 정보가 전달되는 순서

⑤ '프리온'이 처음에 학계에서 인정을 받지 못한 이유

 네 번째 문단의 '~정상적인 단백질이 어떤 이유에서인지 일단 [PSI+]로 변화되고 나면, 이 [PSI+]가 곧 주위의 다른 Sup35 단백질을 [PSI+]로 변화시키며 유전된다는 것이다.'를 통해 단백질이 어떤 이유로 프리온으로 변하는지의 원인은 알 수 없다는 것을 확인할 수 있다.

38 ㉠에 들어갈 내용으로 가장 적절한 것은?

① 환경의 변화로 유전 정보가 변하는 것을 방지하는 요소일 수 있다.

② 개체의 생존이 유리하도록 환경을 변화시키는 유전 인자일 수 있다.

③ 환경에 잘 적응할 수 있도록 개체의 진화력을 높이는 유전 인자일 수 있다.

④ 핵산이 없는 단백질임에도 스스로 유전 정보를 저장하는 요소일 수 있다.

⑤ 환경에 따라 변화된 형질이 유전되지 못하도록 막는 요소일 수 있다.

 ㉠에는 앞 문장의 구체적인 결론이 와야 하는데, '이는 프리온이 환경 변화에 대한 적응도를 높일 가능성이 있음을 시사한다.'는 문장을 통해 프리온은 환경을 변화시키거나 유전정보의 변이를 방지하는 직접적인 요인이 아니라 개체의 진화력을 높이는 유전 인자일 수 있다는 결론을 얻을 수 있다.

Answer 37.① 38.③

39 윗글과 다음의 제시문을 비교하여 이해한 내용으로 적절하지 않은 것은?

> 코페르니쿠스가 지동설을 주장하기 전에는 프톨레마이오스의 천동설이 학문적 적자(嫡子)의 위치를 점유하고 있었다. 그러나 천동설로는 설명할 수 없는 이상 현상이 다양하게 발견되면서 천동설은 흔들리기 시작했고, 16세기 중엽에 이르러 코페르니쿠스는 지구를 비롯한 행성들이 태양을 중심으로 원운동을 한다는 지동설을 주장하게 된다. 기원전 3세기에도 아리스타쿠스에 의해 지동설이 제기되었으나, 당시에는 천동설로 항성과 행성의 변화를 설명하는 데에 큰 문제가 없었기 때문에 무시되었다. 천동설에서 벗어나는 몇몇 이상 현상은 계산 과정에서 발생하는 단순 오차 정도로 치부되거나 복잡하지만 어떻게든 천동설로 설명하려 했던 것이다. 반면 계속된 이상 현상들의 발견으로 인해 과학자들의 학문적 위기의식이 팽배하던 시기에 제기된 코페르니쿠스의 지동설은 천동설을 몰아내고 학문적 적자의 위치에 서게 되었다.

① 아무리 확고하게 느껴지는 과학적 이론도 절대 변하지 않는다고 할 수는 없겠군.

② 프루지너의 주장도 코페르니쿠스의 지동설처럼 학계에서 받아들이고자 하는 분위기가 조성된 이후에야 인정을 받기 시작했겠군.

③ 코페르니쿠스 이전에도 천동설로 설명할 수 없었던 이상 현상이 있었던 것처럼, 프루지너의 '프리온' 발견 이전에도 이런 이상 현상이 있었군.

④ 코페르니쿠스 이후 몰락한 천동설처럼, 세포의 핵산에서 단백질을 합성하고 자기 증식을 한다는 기존 이론은 프루지너 이후에 더 이상 인정받지 못했을 거야.

⑤ '프리온'을 처음 접한 대부분의 과학자들도 처음에는 아리스타쿠스의 지동설을 접한 기원전 3세기의 과학자들과 보수적인 반응을 보였을 거야.

 ④의 내용은 코페르니쿠스의 지동설이 받아들여지기까지의 과정을 설명하고 있다. 이는 제시문의 '유전 정보 중심설'에서 프리온의 존재가 받아들여지기까지의 과정과 유사하지만, 천동설은 이론 자체의 성립이 안 되는 이상 현상들이 발견된 반면 프루지너 이전의 이론의 이상 현상 및 오차 등이 설명되어 있지 않으므로, 기존의 이론이 더 이상 인정받지 못했을 것이라 추론한 내용은 옳다고 판단할 수 없다.

40 다음 글을 읽은 독자의 견해가 옳지 않은 것으로 짝지어진 것은?

수목장(樹木葬)은 화장한 분골을 나무 밑에 묻거나 뿌려 자연으로 되돌아가도록 하는 장례법이다. 수목장은 고인의 시신을 화장한다는 점에서 매장(埋葬)과 구별된다. 또한 수목장은 묻거나 뿌려서 자연으로 되돌아가게 한다는 점에서 분골을 석조물에 그대로 보관하는 납골(納骨) 방식과 다르다. 그리고 나무를 매개로 하여 고인을 모신다는 점에서 특별한 매개체 없이 그냥 뿌리는 산골(散骨)과도 구별된다. 수목장은 매장, 납골, 산골과 비교해 볼 때 몇 가지 특징이 있다.

첫째, 수목장은 환경적인 부담을 최소화하는 친환경적인 장례법이다. 수목장은 고인의 시신을 화장하고 분골하기 때문에 시신이 차지하는 공간이 최소화된다. 반면 매장은 유골을 보존하기 위해 넓은 공간을 사용함으로써 국토의 효율적 이용을 저해한다. 납골 역시 분골을 보존하기 위해 석조물을 설치하는데, 이 또한 상당한 공간을 필요로 하며 석조물이 썩지 않고 방치됨으로써 환경에 부담을 준다.

둘째, 수목장은 고인을 품위 있게 추모하는 장례법이다. 수목장은 나무를 매개로 하여 고인을 상징하는 추모의 대상을 제공한다. 이는 고인이 묻힌 곳을 찾고 추모하고 싶어하는 후손들의 바람을 충족시켜 주는 것으로 산골이 갖는 한계를 해결한다고 볼 수 있다.

셋째, 수목장은 경제적인 장점도 지니고 있다. 현재 장례문화가 가지고 있는 문제 중에서 무엇보다 심각한 것은 많은 비용이 든다는 것이다. 죽음을 준비하면서 비용을 걱정한다는 것은 슬픈 일이 아닐 수 없다. 장례방법별로 비용을 비교하면, 수목장은 매장 및 납골에 비해 확실히 강점이 있다.

• 갑 : 매장(埋葬)은 고인의 시신을 화장한다는 점에서 수목장과 구별되어져.
• 을 : 수목장은 시신을 화장하고 분골하기 때문에 시신이 차지하는 공간이 적어지지.
• 병 : 수목장은 고인을 추모하고 싶어하는 후손들의 바람을 충족시켜 주지 못해.
• 정 : 수목장은 매장 및 납골에 비해 경제적이야.

① 갑, 을
② 갑, 병
③ 을, 병
④ 을, 정
⑤ 병, 정

• 갑 : 수목장은 고인의 시신을 화장한다는 점에서 매장(埋葬)과 구별된다.
• 병 : 수목장은 나무를 매개로 하여 고인을 상징하는 추모의 대상을 제공한다. 이는 고인이 묻힌 곳을 찾고 추모하고 싶어하는 후손들의 바람을 충족시켜 주는 것으로 산골이 갖는 한계를 해결한다고 볼 수 있다.

Answer 39.④ 40.②

❙1~2❙ 다음 조건을 읽고 옳은 설명을 고르시오.

1

> • 갑, 을, 병, 정은 각각 박물관, 대형마트, 영화관, 병원 중 한 곳에 갔다.
> • 정은 영화관에 갔다.
> • 병은 대형마트에 가지 않았다.
> • 갑은 병원에 가지 않았다.
> • 을은 박물관과 병원에 가지 않았다.

> A : 정은 박물관에 갔다.
> B : 갑은 대형마트에 갔다.

① A만 옳다.
② B만 옳다.
③ A와 B 모두 옳다.
④ A와 B 모두 그르다.
⑤ A와 B 모두 옳은지 그른지 알 수 없다.

(Tip) 명제를 종합해보면,

	박물관	대형마트	영화관	병원
갑	○	×	×	×
을	×	○	×	×
병	×	×	×	○
정	×	×	○	×

2

- 영진이네 조는 키 순서대로 자리를 배치하기로 하였다.
- 키가 큰 사람은 본인보다 키가 작은 사람 앞에 앉을 수 없다.
- 대명이는 정우보다 앞에 앉았다.
- 정우는 우리보다 크지 않다.
- 영진이보다 키가 큰 사람은 없다.

A : 정우는 앞에서 세 번째에 앉는다.
B : 대명이는 가장 앞에 앉는다.

① A만 옳다.
② B만 옳다.
③ A와 B 모두 옳다.
④ A와 B 모두 그르다.
⑤ A와 B 모두 옳은지 그른지 알 수 없다.

> Tip 명제를 종합해보면,
> 영진>우리≥정우>대명 순으로 키가 크다.

3   다음의 조건을 참고할 때, 세 번째에 앉아있는 사람은?

〈조건〉
㉠ 갑, 을, 병, 정, 무는 한 줄에 앉아있다.
㉡ 병 뒤에 한 명 이상이 앉아있다.
㉢ 을 바로 앞에 한 명이 앉아있다.
㉣ 을은 정의 앞쪽에 앉아있다.
㉤ 정은 가장 마지막에 앉아있다.
㉥ 갑은 병의 앞쪽에 앉아있다.
㉦ 무는 병의 뒤쪽에 앉아있다.

① 갑   ② 을
③ 정   ④ 병
⑤ 무

 위 명제를 종합하면 '갑, 을, 병, 무, 정' 순으로 앉아있다.

4   A사 직원이 당직을 정하는 조건이 다음과 같다. 정음이가 당직을 할 때, 함께 당직을 할 수 있는 사람이 아닌 자는?

• 성우가 당직을 하면 정연이는 당직을 하지 않는다.
• 우수와 연지가 당직을 하면 정연이도 당직을 해야 한다.
• 연성이 당직을 하면 연지, 정연이는 당직을 하지 않는다.
• 정연 혹은 민하가 당직을 하면 정음이도 당직을 해야 한다.

① 정연   ② 연성
③ 우수   ④ 연지
⑤ 민하

 ㉠ 정음이가 당직을 하는 조건은
  '정연 혹은 민하가 당직을 하면 정음이도 당직을 해야 한다.'
㉡ 정연이가 당직을 하는 조건은
  '우수와 연지가 당직을 하면 정연이도 당직을 해야 한다.'
  따라서 정음이와 함께 당직을 할 수 있는 사람은 정연, 민하, 우수, 연지이다.

5 다음의 조건에 위배되지 않고 E를 구매해야 할 때, 어떤 상품을 구매해야 하는가?

〈조건〉

㉠ A를 구매하면 B도 구매해야 한다.
㉡ E를 구매하면 B는 구매할 수 없다.
㉢ C 혹은 D는 꼭 구매해야 한다.
㉣ A, D, E 중에 하나만 구매할 수 있다.

① A   ② B
③ E   ④ D
⑤ C

 • E를 구매하면, B는 구매할 수 없다.(㉡)
• E를 구매하면, A, D는 구매할 수 없다.(㉣)
• A, B를 구매할 수 없다.(㉠)
• D를 구매할 수 없으므로 C는 꼭 구매해야 한다.(㉢)
따라서 C를 구매해야 한다.

6 다음 명제가 참일 때, 항상 참이 되는 것은?

> • 꿈이 있는 자는 좌절하지 않는다.
> • 모든 사람이 대학생은 아니다.
> • 꿈이 없는 대학생은 없다.

① 대학생은 좌절하지 않는다.

② 꿈이 없는 사람은 없다.

③ 좌절하지 않는 모든 사람은 대학생이다.

④ 꿈이 없는 어떤 대학생이 있다.

⑤ 좌절하지 않는 대학생은 꿈이 없다.

 각 명제의 대우를 고려하면 다음과 같다.
대학생은 꿈이 있다. → 꿈이 있는 자는 좌절하지 않는다.
따라서 모든 대학생은 좌절하지 않는다.

7 다음 밑줄 친 부분에 들어갈 말로 가장 적절한 것은?

> • 피아노를 잘 치는 사람은 노래를 잘한다.
> • 권이는 _____
> • 그러므로 권이는 노래를 잘한다.

① 피아노를 못 친다.　　　　② 운동을 좋아하지 않는다.

③ 피아노를 잘 친다.　　　　④ 운동을 좋아한다.

⑤ 노래를 좋아한다.

 제시문은 연역 논증으로, 대전제→소전제→대전제에 포함된 결론을 이끌어내는 형식을 갖는다. 따라서 ③이 소전제에 적합하다.

8   가영, 나리, 다솜, 라임, 마야, 바울, 사랑 7명은 구슬치기를 하기 위해 모였다. 다음 조건에 따라 각각의 사람이 구슬을 가지고 있을 때, 다음 중 반드시 거짓인 것은?

> • 다솜이 가지고 있는 구슬의 수는 마야, 바울, 사랑이 가지고 있는 구슬의 합보다 많다.
> • 마야와 바울이 가지고 있는 구슬의 합은 사랑이 가지고 있는 구슬의 수와 같다.
> • 바울이 가지고 있는 구슬의 수는 가영과 라임이 가지고 있는 구슬의 합보다 많다.
> • 나리는 가영보다 구슬을 적게 가지고 있다.
> • 가영과 라임이 가지고 있는 구슬의 수는 같다.
> • 마야와 바울이 가지고 있는 구슬의 수는 같다.

① 사랑이 가지고 있는 구슬의 수는 바울이 가지고 있는 구슬의 수보다 더 많다.
② 가영이 가지고 있는 구슬의 수는 나리와 라임이 가지고 있는 구슬의 합보다 더 적다.
③ 사랑이 가지고 있는 구슬의 수는 가영, 라임, 마야가 가지고 있는 구슬의 합보다 더 적다.
④ 바울이 가지고 있는 구슬의 수는 가영, 나리, 라임이 가지고 있는 구슬의 합보다 더 많다.
⑤ 다솜이 가지고 있는 구슬의 수는 가영, 나리, 라임, 마야가 가지고 있는 구슬의 합보다 더 많다.

 조건에 따라 정리하면 다음과 같다.
ㄱ 다솜 > 마야+바울+사랑
ㄴ 마야+바울=사랑
ㄷ 바울 > 가영+라임
ㄹ 가영 > 나리
ㅁ 가영=라임
ㅂ 마야=바울
따라서 ③은 반드시 거짓이다.

9   S사 사원 A, B, C, D, E, F, G 7명은 일요일부터 토요일까지 일주일에 1명씩 자재구매를 실시한다. 아래의 조건을 만족시키고, A가 월요일에 구매를 한다면, 다음 중 항상 거짓인 것은 무엇인가?

> • C는 화요일에 구매한다.
> • B 또는 F는 D가 구매한 다음 날 구매를 한다.
> • G는 A가 구매한 다음날 구매할 수 없다.
> • E는 B가 구매한 다음날 구매한다.

① G는 일요일에 구매할 수 있다.
② E가 토요일에 구매를 하면 G는 일요일에만 구매를 한다.
③ F가 일요일에 구매를 하면 G는 토요일에 구매를 한다.
④ D는 수, 목, 금 중에 구매를 한다.
⑤ F는 D보다 먼저 구매를 한다.

(Tip) 조건에 따라 정리하면 다음과 같다.

월	화	수	목	금	토	일
A	C	D	B	E	G 또는 F	F 또는 G
A	C	D	F	B	E	G
A	C	G 또는 F	D	B	E	F 또는 G
A	C	B	E	D	F	G

10   김 과장은 오늘 아침 조기 축구 시합에 나갔다. 그런데 김 과장을 모르는 어떤 신입사원이 김 과장에게 급히 전할 서류가 있어 축구 시합장을 찾았다. 시합은 시작되었고, 김 과장이 선수로 뛰고 있는 것은 분명하다. 제시된 조건을 토대로 신입사원이 김 과장을 찾기 위해 추측한 내용 중 반드시 참인 것은?

> • A팀은 검정색 상의를, B팀은 흰색 상의를 입고 있다.
> • 양 팀에서 안경을 쓴 사람은 모두 수비수다.
> • 양 팀에서 축구화를 신고 있는 사람은 모두 안경을 쓰고 있다.

① 만약 김 과장이 A팀의 공격수라면 흰색 상의를 입고 있거나 축구화를 신고 있다.
② 만약 김 과장이 B팀의 공격수라면 축구화를 신고 있다.
③ 만약 김 과장이 검정색 상의를 입고 있다면 안경을 쓰고 있다.
④ 만약 김 과장이 A팀의 수비수라면 검정색 상의를 입고 있으며 안경도 쓰고 있다.
⑤ 만약 김 과장이 공격수라면 안경을 쓰고 있다.

(Tip) A팀이라면 검정색 상의를 입고, 수비수는 모두 안경을 쓰고 있으므로 ④가 옳다.

11 다음 조건만으로 알 수 있는 것은?

> • 비가 오는 날이면 갑돌이는 갑순이를 생각한다.
> • 비가 오는 날이면 길동이도 갑순이를 생각한다.

① 비가 오는 날이면 갑돌이는 갑순이를 만난 적이 있다.
② 길동이도 갑돌이만큼 갑순이를 좋아한 것이 있다.
③ 갑돌이, 갑순이, 길동이는 서로 알고 지내는 사이다.
④ 비가 오는 날이면 갑순이를 생각하는 사람들이 있다.
⑤ 갑돌이는 길동이보다 갑순이를 더 먼저 만났다.

(Tip) 비가 오는 날이면 갑돌이와 길동이는 갑순이 생각을 하므로, ④를 알 수 있다.

12 다음 추론에서 밑줄 친 곳에 들어갈 문장으로 가장 적절한 것은?

> • 사색은 진정한 의미에서 예술이다.
> • 예술은 인간의 삶을 풍요롭게 만든다.
> • 그러므로 _____

① 사색과 예술은 진정한 의미에서 차이가 있다.
② 사색은 인간의 삶을 풍요롭게 만든다.
③ 예술가가 되려면 사색을 많이 해야 한다.
④ 사색은 예술이 태어나는 모태가 된다.
⑤ 인간의 삶은 풍요롭게 만들기는 어렵다.

(Tip) 사색은 진정한 의미에서 예술이고, 예술은 인간의 삶을 풍요롭게 만든다고 했으므로, 사색은 인간의 삶을 풍요롭게 만든다.

Answer ↦ 9.② 10.④ 11.④ 12.②

13 A, B, C, D, E 5명이 다음과 같이 일렬로 서있다고 할 때, 다음 중 뒤에서 두 번째에 있는 사람은?

> • A는 B의 바로 앞에 서 있다.
> • A는 C보다 뒤에 있다.
> • E는 A보다 앞에 있다.
> • D와 E 사이에는 2명이 서 있다.

① A   ② B

③ C   ④ D

⑤ E

> (Tip) 조건에 따르면 C – E – A – B – D의 순서가 된다. 따라서 뒤에서 두 번째에 있는 사람은 B
> 이다.

14 다음 사실을 토대로 확실하게 알 수 있는 것은?

> • 나무를 좋아하는 사람은 새를 좋아한다.
> • 자연을 좋아하는 사람은 꽃을 좋아하며 숲을 좋아한다.
> • 숲을 좋아하는 사람은 나무를 좋아한다.

① 숲을 좋아하는 사람은 꽃을 좋아한다.

② 꽃을 좋아하는 사람은 자연을 좋아한다.

③ 새를 좋아하는 사람은 자연을 좋아한다.

④ 자연을 좋아하는 사람은 새를 좋아한다.

⑤ 꽃을 좋아하는 사람은 새를 좋아한다.

> (Tip) 자연을 좋아한다 → 숲을 좋아한다 → 나무를 좋아한다 → 새를 좋아한다

15 5명의 조원들이 의자가 6개 있는 원탁에서 토론을 하고 있다. 다음의 조건을 따를 때, 빈자리는 어디인가?

명진

㉠ ㉡

우성 ㉣

㉢

〈조건〉
• 명진, 성범, 은영, 수호, 우성이 의자가 6개 있는 원탁에서 토론을 한다.
• 어느 방향이든 명진이와 우성이 사이에는 누군가가 앉는다.
• 수호의 맞은편에는 누구도 앉아 있지 않다.
• 명진이와 성범이는 서로 마주보고 앉는다.
• 은영이의 옆에는 명진이가 앉아있다.

① ㉠   ② ㉡
③ ㉢   ④ ㉣
⑤ 없음

Tip 명제를 종합해보면 다음과 같다.

　　　　명진

수호　　　　　　은영

우성　　　　　×

　　　성범

16 다음의 조건이 모두 참일 때, 선우의 집과 미용실의 위치로 바르게 짝지어진 것은?

> ㉠ 진영, 선우, 세영이는 각각 마포, 용산, 신촌 중 각각 한 곳에 거주한다.
> ㉡ 진영, 선우, 세영이는 각각 마포, 용산, 신촌 중 각각 한 곳에 미용실을 다닌다.
> ㉢ 진영, 선우, 세영이는 모두 자신의 거주지와 미용실의 위치가 다르다.
> ㉣ 진영이는 지금 세영이의 미용실이 위치한 곳에 거주한다.
> ㉤ 세영이는 마포에 거주하지 않는다.
> ㉥ 세영이와 선우는 용산에 거주하지 않는다.
> ㉦ 진영이의 미용실이 위치한 곳은 마포이다.

	집	미용실
①	용산	신촌
②	신촌	용산
③	신촌	마포
④	마포	용산
⑤	마포	신촌

 • 세영이는 신촌에 거주한다. (㉤㉥)
• 선우는 용산에 거주하지 않고 세영이 신촌에 거주하므로 마포에 거주한다. (㉥)
• 진영이는 용산에 거주하며, 미용실은 마포이다. (㉦)
• 세영이의 미용실은 용산이다. (㉣)
따라서 선우의 미용실이 위치한 곳은 신촌이 된다.

17 A, B, C, D 총 4명이 프리젠테이션을 하고 있다. 다음 조건이라면 가장 먼저 토론을 하는 사람은 누구인가?

> • A는 B보다 먼저 한다.
> • C는 D보다 먼저 한다.
> • D는 A보다 먼저 한다.

① A   ② B

③ C   ④ D

⑤ 알 수 없다.

 C − D − A − B의 순서가 된다. 따라서 가장 먼저 토론을 하는 사람은 C이다.

18 제시된 조건을 읽고, 다음 중 항상 옳지 않은 것은?

> • 신입사원 A, B, C, D, E, F, G는 인사부, 총무부, 관리부에 배치된다.
> • 신입사원이 배치되지 않는 부서는 없다.
> • C는 인사부에 배치되지 않는다.
> • 관리부에는 신입사원 중 한 사람만 배치된다.
> • F와 G는 함께 배치되는데, 인사부에는 배치되지 않는다.
> • 인사부에는 신입사원 중 두 사람이 배치된다.
> • A, B, C가 배치되는 부서는 모두 다르다.

① 총무부에 배치되는 신입사원은 4명이다.

② 배치되는 부서가 확실히 결정되는 사람은 한 사람뿐이다.

③ A와 F는 배치되는 부서가 서로 다르다.

④ E와 G는 배치되는 부서가 서로 같다.

⑤ C와 E는 총무부에 배치될 수 있다.

 ② 배치되는 부서가 확실히 결정되는 사람은 총무부의 F와 G이므로 2명이다.

Answer ↪ 16.⑤ 17.③ 18.②

19 다음은 상가 주차장 이용요금에 관한 자료이다. 다음 중 거짓말을 하고 있는 사람은?

<주차 안내>

1. 주차요금

운영시간	요금
24시간	• 최초 30분 무료 • 무료 30분 초과 시 30분 동안 기본료 2,000원 • 입차 1시간 이후 10분당 500원 가산

2. 무료주차

구분	무료 주차
상가 내 사업주	무료
상가 내 식당 이용자	1시간 무료
상가 내 병원 이용자	2시간 무료

① 갑 : 나는 상가 내 사업주이기 때문에 하루 종일 주차해도 요금은 발생하지 않아.

② 을 : 나는 상가 내 정형외과와 피부과에서 진료 받고 2시간 동안 주차해서 2,000원 이 부과되었어.

③ 병 : 나는 상가에 있는 서점에 들러 1시간을 소요해서 주차요금은 2,000원이 부과 되었어.

④ 정 : 나는 주차한지 20분 만에 다시 나왔기 때문에 주차요금은 없었어.

⑤ 무 : 나는 상가 내 고깃집에서 2시간 동안 있었기 때문에 주차요금이 3,000원이 부 과되었어.

(Tip) ② 상가 내 병원 이용자는 2시간 무료이므로 요금은 발생하지 않는다.

20 정수, 기정, 상우, 유진이는 주기적으로 세미나에 참석한다. 다음의 조건을 참고할 때, 4월 세미나에 참석한 사람은 누구인가?

> • 네 명 중에 최소 한 사람은 세미나에 참석한다.
> • 정수와 기정이는 세미나에 참석과 불참을 같이한다.
> • 3월 세미나에서 상우는 기정이를 만났다.
> • 4월 세미나에 상우와 정수 둘 다 불참했다.

① 유진   ② 정수
③ 기정   ④ 유진, 상우
⑤ 정수, 기정

	3월	4월
정수	○	×
기정	○	×
상우	○	×
유진		○

21 호동, 수근, 지원, 승기 4명의 학생 중 한 명이 결석을 했다. 다음 진술 중 오직 하나만이 참일 때 결석한 학생과 바르게 말한 학생을 차례대로 적은 것은?

> • 호동 : 수근이 결석했어.
> • 수근 : 승기가 결석했어.
> • 지원 : 나는 결석 안했어.
> • 승기 : 수근이의 말은 거짓이야.

① 호동, 지원

② 수근, 승기

③ 승기, 수근

④ 지원, 승기

⑤ 지원, 수근

 호동이 결석한 경우 : 지원, 승기→참
　　　　　수근이 결석한 경우 : 호동, 지원, 승기→참
　　　　　지원이 결석한 경우 : 승기→참
　　　　　승기가 결석한 경우 : 수근, 지원→참
　　　　　따라서 결석한 사람은 지원이고, 승기의 말만 참이 된다.

22 수덕, 원태, 광수는 임의의 순서로 빨간색, 파란색, 노란색 지붕을 가진 집에 나란히 이웃하여 살고, 개, 고양이, 원숭이라는 서로 다른 애완동물을 기르며, 광부·농부·의사라는 서로 다른 직업을 갖는다. 알려진 정보가 다음과 같을 때, 옳은 것은?

- 광수는 광부이다.
- 가운데 집에 사는 사람은 개를 키우지 않는다.
- 농부와 의사의 집은 서로 이웃해 있지 않다.
- 노란 지붕 집은 의사의 집과 이웃해 있다.
- 파란 지붕 집에 사는 사람은 고양이를 키운다.
- 원태는 빨간 지붕 집에 산다.

① 수덕은 빨간 지붕 집에 살지 않고, 원태는 개를 키우지 않는다.

② 노란 지붕 집에 사는 사람은 원숭이를 키우지 않는다.

③ 원태는 고양이를 키운다.

④ 수덕은 개를 키우지 않는다.

⑤ 원태는 농부다.

 농부와 의사의 집은 서로 이웃해 있지 않으므로, 가운데 집에는 광부가 산다. 가운데 집에 사는 사람은 광수이고, 개를 키우지 않는다. 파란색 지붕 집에 사는 사람이 고양이를 키우므로, 광수는 원숭이를 키운다. 노란 지붕 집은 의사의 집과 이웃해 있으므로, 가운데 집의 지붕은 노란색이다. 따라서 수덕은 파란색 지붕 집에 살고 고양이를 키운다. 원태는 빨간색 지붕 집에 살고 개를 키운다.

Answer 21.④ 22.④

23 S씨는 자신의 재산을 운용하기 위해 자산에 대한 설계를 받고 싶어 한다. S씨는 자산 설계사 A ~ E를 만나 조언을 들었다. 그런데 이들 자산 설계사들은 주 투자처에 대해서 모두 조금씩 다르게 추천을 해주었다. 해외펀드, 해외부동산, 펀드, 채권, 부동산이 그것들이다. 다음을 따를 때, A와 E가 추천한 항목은?

> • S씨는 A와 D와 펀드를 추천한 사람과 같이 식사를 한 적이 있다.
> • 부동산을 추천한 사람은 A와 C를 개인적으로 알고 있다.
> • 채권을 추천한 사람은 B와 C를 싫어한다.
> • A와 E는 해외부동산을 추천한 사람과 같은 대학에 다녔었다.
> • 해외펀드를 추천한 사람과 부동산을 추천한 사람은 B와 같이 한 회사에서 근무한 적이 있다.
> • C와 D는 해외부동산을 추천한 사람과 펀드를 추천한 사람을 비난한 적이 있다.

① 펀드, 해외펀드   ② 채권, 펀드
③ 부동산, 펀드   ④ 채권, 부동산
⑤ 펀드, 부동산

 조건대로 하나씩 채워나가면 다음과 같다.

	A	B	C	D	E
해외펀드	×	×	○	×	×
해외부동산	×	○	×	×	×
펀드	×	×	×	×	○
채권	○	×	×	×	×
부동산	×	×	×	○	×

A와 E가 추천한 항목은 채권, 펀드이다.

24 어느 과학자는 자신이 세운 가설을 입증하기 위해서 다음과 같은 논리적 관계가 성립하는 여섯 개의 진술 A, B, C, D, E, F의 진위를 확인해야 한다는 것을 발견하였다. 그러나 그는 이들 중 F가 거짓이라는 것과 다른 한 진술이 참이라는 것을 이미 알고 있었기 때문에, 나머지 진술들의 진위를 확인할 필요가 없었다. 이 과학자가 이미 알고 있었던 참인 진술은?

> • B가 거짓이거나 C가 참이면, A는 거짓이다.
> • C가 참이거나 D가 참이면, B가 거짓이고 F는 참이다.
> • C가 참이거나 E가 거짓이면, B가 거짓이거나 F가 참이다.

① A   ② B
③ C   ④ D
⑤ E

 두 번째 조건의 대우 : B가 참이거나 F가 거짓이면, C는 거짓이고 D도 거짓이다.
→C도 거짓, D도 거짓
세 번째 조건의 대우 : B가 거짓이고 F가 거짓이면, C는 거짓이고 E는 참이다.
→B를 모르기 때문에 E에 대해 확신할 수 없다.
첫 번째 조건의 대우 : A가 참이면, B가 참이고 C가 거짓이다.
따라서 A가 참이라는 것을 알면, B가 참이라는 것을 알고, 세 번째 조건의 대우에서 E가 참이라는 것을 알 수 있다.

25 일본과의 국가대표 축구 대항전을 맞이하여 한국 대표팀은 모두 해외파와 국내파를 다 동원해서 시합을 치르려고 한다. 대표팀원들은 지금 파주 트레이닝 센터로 속속들이 모여들고 있다. 신문기자인 A씨는 파주 트레이닝 센터에 입소하는 기사를 쓰려고 요청하였는데 자료 전달과정에서 한 정보가 누락되어 완벽한 순서를 복원해내지 못했다. 어떤 정보가 있어야 완벽한 순서가 복원되는가?

> • 영표는 지성보다는 먼저 입소했지만 청용보다는 나중에 왔다.
> • 성용은 주영보다 나중에 입소했지만 두리보다는 먼저 왔다.
> • 주영은 영표보다는 나중에 입소했지만 지성보다는 먼저 왔다.
> • 두현은 영표보다는 먼저 입소하였지만 정수보다는 나중에 입소하였다.
> • 청용이 가장 먼저 오지는 않았으며, 두리가 제일 마지막으로 온 것은 아니다.

① 정수와 두현이 인접하여 입소하지는 않았다.
② 성용과 두리가 인접하여 입소하지는 않았다.
③ 정수는 지성보다 먼저 입소하였다.
④ 영표와 성용이 인접하여 입소한 것은 아니다.
⑤ 두리는 지성보다 먼저 입소하였다.

 청용 - 영표 - 지성
주영 - 성용 - 두리
영표 - 주영 - 지성
정수 - 두현 - 영표
종합해보면 다음과 같다.
영표 - 주영 - 성용 - 두리 - 지성
정수, 두형, 청용의 위치는 ①과 같이 진술하면 정리가 되므로 순서가 확정된다.

26 서로 성이 다른 3명의 야구선수(김씨, 박씨, 서씨)의 이름은 정덕, 선호, 대은이고, 이들이 맡은 야구팀의 포지션은 1루수, 2루수, 3루수이다. 그리고 이들의 나이는 18세, 21세, 24세이고, 다음과 같은 사실이 알려져 있다. 다음 중 성씨, 이름, 포지션, 나이가 제대로 짝지어진 것은?

> • 2루수는 대은보다 타율이 높고 대은은 김씨 성의 선수보다 타율이 높다.
> • 1루수는 박씨 성의 선수보다 어리나 대은보다는 나이가 많다.
> • 선호와 김씨 성의 선수는 어제 경기가 끝나고 같이 영화를 보러 갔다.

① 김 – 정덕 – 1루수 – 18세
② 박 – 선호 – 3루수 – 24세
③ 서 – 대은 – 3루수 – 18세
④ 박 – 정덕 – 2루수 – 24세
⑤ 서 – 선호 – 1루수 – 21세

 대은은 김씨도 아니고, 박씨도 아니므로 서씨이다. 대은은 2루수도 아니고, 1루수도 아니므로 3루수이다. 대은은 1루수보다 나이가 어리고, 박씨 성의 선수보다 나이가 어리므로 18세이다. 선호는 김씨가 아니므로 박씨이고, 나이가 가장 많으므로 24세이다.

성	1루수	2루수	3루수
성	김	박	서
이름	정덕	선호	대은
나이	21세	24세	18세

27 경찰서에 목격자 세 사람이 범인에 관하여 다음과 같이 진술하였다. 경찰에서는 이미 이 사건이 한 사람의 단독 범행인 것을 알고 있었다. 그리고 한 진술은 거짓이고, 나머지 진술은 참이라는 것이 나중에 밝혀졌다. 안타깝게도 어느 진술이 거짓인지는 밝혀지지 않았다. 다음 중 반드시 거짓인 것은?

> • 영희가 범인이거나 순이가 범인이다.
> • 순이가 범인이거나 보미가 범인이다.
> • 영희가 범인이 아니거나 또는 보미가 범인이 아니다.

① 영희가 범인이다.
② 순이가 범인이다.
③ 보미가 범인이다.
④ 보미는 범인이 아니다.
⑤ 영희가 범인이 아니면 순이도 범인이 아니다.

(Tip) 영희가 범인이라면 첫 번째, 세 번째 조건은 참이고, 두 번째 조건은 거짓이다.
순이가 범인이라면 모든 조건이 참이다.
보미가 범인이라면 두 번째, 세 번째 조건은 참이고, 첫 번째 조건은 거짓이다.
한 진술은 거짓이고, 나머지 진술은 참이 되어야 하므로 ②는 거짓이다.

28 A는 일주일 중 월요일에만 거짓말을 하고 나머지 요일에는 참말을 한다. 어느 날 A의 친구들이 A가 결혼을 한다는 소문을 들었다. A한테 전화를 걸었더니 다음과 같이 말했다. 친구들이 유추한 것 중 적절한 것은?

① A가 "오늘은 월요일이고 나는 결혼을 한다"라고 대답했다면 오늘은 월요일이 아니다.
② A가 "오늘은 월요일이고 나는 결혼을 한다"라고 대답했다면 A는 결혼을 한다.
③ A가 "오늘은 월요일이거나 나는 결혼을 한다"라고 대답했다면 오늘은 월요일이 맞다.
④ A가 "오늘은 월요일이거나 나는 결혼을 한다"라고 대답했다면 A는 결혼을 한다.
⑤ "오늘은 월요일이고 나는 결혼을 한다"와 "오늘은 월요일이거나 나는 결혼을 한다" 둘 중에 어떤 진술이든지에 상관없이 A는 결혼을 한다.

(Tip) 둘 다 거짓이 될 때만 거짓이 되고, 둘 중에 하나만 참이 되어도 참이 된다. A가 월요일에 말했다면 이 말 전체가 참이 되는데, 그럼 월요일에 거짓말을 한다는 전제가 모순이 된다. 따라서 월요일은 아니다. 월요일이 아닌 다른 날에 한 진술은 참이어야 하므로 결혼을 하는 것은 진실이 된다.

29 다음과 같은 내용에서 도출할 수 있는 것으로 옳은 것은?

> • 태희는 동건의 손녀이다.
> • 창정은 태희의 아버지다.
> • 미숙은 우성의 딸이다.
> • 동건은 우성의 외삼촌이다.

① 창정과 우성은 이종사촌이다.
② 태희와 미숙은 자매간이다.
③ 우성은 태희의 외삼촌이다.
④ 동건과 우성은 사촌이다.
⑤ 답이 없다.

Tip ① 동건의 아들은 창정인데, 동건은 우성의 외삼촌이므로 창정과 우성은 이종사촌이다.

30 주머니 속의 빨강, 파랑, 노랑의 서로 다른 색의 구슬 세 개를 차례로 꺼낼 때, 다음 중 단 하나만 참이라고 한다. 다음에서 옳은 것을 고르면?

> • 첫 번째 구슬은 빨간색이 아니다.
> • 두 번째 구슬은 파란색이 아니다.
> • 세 번째 구슬은 파란색이다.

① 첫 번째 구슬이 빨간색이다.
② 첫 번째 구슬이 파란색이다.
③ 두 번째 구슬이 파란색이다.
④ 세 번째 구슬이 노란색이다.
⑤ 두 번째 구슬이 노란색이다.

Tip 첫 번째 조건이 참이라면, 두 번째 구슬은 파란색이고, 첫 번째 구슬은 노란색이다. 세 번째 구슬은 빨간색이 된다.

Answer ☞ 27.② 28.④ 29.① 30.③

31 5명의 친구 A~E가 모여 '수호천사' 놀이를 하기로 했다. 갑이 을에게 선물을 주었을 때 '갑은 을의 수호천사이다'라고 하기로 약속했고, 다음처럼 수호천사 관계가 성립되었다. 이후 이들은 〈규칙〉에 따라 추가로 '수호천사' 관계를 맺었다. 이들 외에 다른 사람은 이 놀이에 참여하지 않는다고 할 때, 옳지 않은 것은?

> • A는 B의 수호천사이다.
> • B는 C의 수호천사이다.
> • C는 D의 수호천사이다.
> • D는 B와 E의 수호천사이다.

> 〈규칙〉
> • 갑이 을의 수호천사이고 을이 병의 수호천사이면, 갑은 병의 수호천사이다.
> • 갑이 을의 수호천사일 때, 을이 자기 자신의 수호천사인 경우에는 을이 갑의 수호천사가 될 수 있고, 그렇지 않은 경우에는 을이 갑의 수호천사가 될 수 없다.

① A는 B, C, D, E의 수호천사이다.

② B는 A의 수호천사가 될 수 있다.

③ C는 자기 자신의 수호천사이다.

④ E는 A의 수호천사가 될 수 있다.

⑤ D의 수호천사와 C의 수호천사는 동일하다.

 ④ E가 A의 수호천사가 될 수 있기 위해서는 A가 E의 수호천사이고 E는 자기 자신의 수호천사가 되어야 한다. 그러나 A는 E의 수호천사이나, E는 자기 자신의 수호천사가 아니므로 E는 A의 수호천사가 될 수 없다.

① A→B→C→D→B∩E 이므로 A는 B, C, D, E의 수호천사가 된다.
② A가 B의 수호천사이고 B는 자기 자신의 수호천사이므로 B는 A의 수호천사가 될 수 있다.
③ C는 B의 수호천사이고 B는 C의 수호천사이기 때문에 C는 자기 자신의 수호천사이다.
⑤ D의 수호천사는 A, B, C가 되며, C의 수호천사는 A, B, 그리고 ③에 의해 자기 자신도 수호천사이므로 D와 C는 수호천사가 동일이다.

32 다음의 내용이 모두 참일 때, 결론이 타당하기 위해서 추가로 필요한 진술은?

> ㉠ 자동차는 1번 도로를 지나왔다면 이 자동차는 A마을에서 왔거나 B마을에서 왔다.
> ㉡ 자동차가 A마을에서 왔다면 자동차 밑바닥에 흙탕물이 튀었을 것이다.
> ㉢ 자동차가 A마을에서 왔다면 자동차의 모습을 담은 폐쇄회로 카메라가 적어도 하나가 있을 것이다.
> ㉣ 자동차가 B마을에서 왔다면 도로 정체를 만났을 것이고 적어도 한 곳의 검문소를 통과했을 것이다.
> ㉤ 자동차가 도로정체를 만났다면 자동차의 모습을 닮은 폐쇄회로 카메라가 적어도 하나가 있을 것이다.
> ㉥ 자동차가 적어도 검문소 한 곳을 통과했다면 자동차 밑바닥에 흙탕물이 튀었을 것이다.
> ∴ 따라서 자동차는 1번 도로를 지나오지 않았다.

① 자동차 밑바닥에 흙탕물이 튀었을 것이다.

② 자동차는 도로 정체를 만나지 않았을 것이다.

③ 자동차는 적어도 검문소 한 곳을 통과했을 것이다.

④ 자동차는 검문소를 한 곳도 통과하지 않았을 것이다.

⑤ 자동차 모습을 담은 폐쇄회로 카메라는 하나도 없을 것이다.

 결론이 '자동차는 1번 도로를 지나오지 않았다.'이므로 결론을 중심으로 연결고리를 이어가면 된다.

자동차가 1번 도로를 지나오지 않았다면 ㉠에 의해 이 자동차는 A, B마을에서 오지 않았다. 흙탕물이 자동차 밑바닥에 튀지 않고 자동차를 담은 폐쇄회로 카메라가 없다면 A마을에서 오지 않았을 것이다. 도로정체가 없고 검문소를 통과하지 않았다면 B마을에서 오지 않았을 것이다. 폐쇄회로 카메라가 없다면 도로정체를 만나지 않았을 것이다. 자동차 밑바닥에 흙탕물이 튀지 않았다면 검문소를 통과하지 않았을 것이다.

따라서 자동차가 1번 도로를 지나오지 않았다는 결론을 얻기 위해서는 폐쇄회로 카메라가 없거나 흙탕물이 튀지 않았다는 전제가 필요하다.

Answer ┌→ 31.④ 32.⑤

33 갑, 을, 병, 정의 네 나라에 대한 다음의 조건으로부터 추론할 수 있는 것은?

> ㉠ 이들 나라는 시대 순으로 연이어 존재했다.
> ㉡ 네 나라의 수도는 각각 달랐는데 관주, 금주, 평주, 한주 중 어느 하나였다.
> ㉢ 한주가 수도인 나라는 평주가 수도인 나라의 바로 전 시기에 있었다.
> ㉣ 금주가 수도인 나라는 관주가 수도인 나라의 바로 다음 시기에 있었으나, 정보다는 이전 시기에 있었다.
> ㉤ 병은 가장 먼저 있었던 나라는 아니지만, 갑보다는 이전 시기에 있었다.
> ㉥ 병과 정은 시대 순으로 볼 때 연이어 존재하지 않았다.

① 금주는 갑의 수도이다.
② 관주는 병의 수도이다.
③ 평주는 정의 수도이다.
④ 을은 갑의 다음 시기에 존재하였다.
⑤ 한주가 수도인 나라가 가장 오래되었다.

(Tip) ㉢㉣에 의해 관주 – 금주 – 한주 – 평주 순서임을 알 수 있다. 그리고 ㉣㉤㉥에 의해 을 – 병 – 갑 – 정의 순서임을 알 수 있다.

34 다음을 읽고 추리한 것으로 옳은 것은?

> ㉠ 어떤 회사의 사원 평가 결과 모든 사원이 최우수, 우수, 보통 중 한 등급으로 분류되었다.
> ㉡ 최우수에 속한 사원은 모두 45세 이상 이었다.
> ㉢ 35세 이상의 사원은 '우수'에 속하거나 자녀를 두고 있지 않았다.
> ㉣ 우수에 속한 사원은 아무도 이직경력이 없다.
> ㉤ 보통에 속한 사원은 모두 대출을 받고 있으며, 무주택자인 사원 중에는 대출을 받고 있는 사람이 없다.
> ㉥ 이 회사의 직원 A는 자녀가 있으며 이직경력이 있는 사원이다.

① A는 35세 미만이고 무주택자이다.

② A는 35세 이상이고 무주택자이다.

③ A는 35세 미만이고 주택을 소유하고 있다.

④ A는 45세 미만이고 무주택자이다.

⑤ A는 45세 이상이고 주택을 소유하고 있다.

 마지막 단서에서부터 시작해서 추론하면 된다.

직원 A는 자녀가 있으며 이직경력이 있는 사원이다. 따라서 이직경력이 있기 때문에 ㉣에 의해 A는 우수에 속한 사원이 아니다. 또 자녀가 있으며 우수에 속하지 않았기 때문에 ㉢에 의해 35세 미만인 것을 알 수 있다. 35세 미만이기 때문에 ㉡에 의해 최우수에 속하지도 않고, 이 결과 A는 보통에 해당함을 알 수 있다. ㉤에 의해 대출을 받고 있으며, 무주택 사원이 아님을 알 수 있다.

∴ A는 35세 미만이고 주택을 소유하고 있다.

35 함께 여가를 보내려는 A, B, C, D, E 다섯 사람의 자리를 원형탁자에 배정하려고 한다. 다음 글을 보고 옳은 것을 고르면?

> • A 옆에는 반드시 C가 앉아야 된다.
> • D의 맞은편에는 A가 앉아야 된다.
> • 여가시간을 보내는 방법은 책읽기, 수영, 영화 관람이다.
> • C와 E는 취미생활을 둘이서 같이 해야 한다.
> • B와 C는 취미가 같다.

① A의 오른편에는 B가 앉아야 한다.

② B가 책읽기를 좋아한다면 E도 여가 시간을 책읽기로 보낸다.

③ B는 E의 옆에 앉아야 한다.

④ A와 D 사이에 C가 앉아있다.

⑤ A의 왼쪽에는 항상 C가 앉는다.

 ② B와 C가 취미가 같고, C는 E와 취미생활을 둘이서 같이 하므로 B가 책읽기를 좋아한다면 E도 여가 시간을 책읽기로 보낸다.

Answer → 33.③ 34.③ 35.②

36 A회사의 건물에는 1층에서 4층 사이에 5개의 부서가 있다. 다음 조건에 일치하는 것은?

> - 영업부와 기획부는 복사기를 같이 쓴다.
> - 3층에는 경리부가 있다.
> - 인사부는 홍보부의 바로 아래층에 있다.
> - 홍보부는 영업부의 아래쪽에 있으며 2층의 복사기를 쓰고 있다.
> - 경리부는 위층의 복사기를 쓰고 있다.

① 영업부는 기획부와 같은 층에 있다.

② 경리부는 4층의 복사기를 쓰고 있다.

③ 인사부는 2층의 복사기를 쓰고 있다

④ 기획부는 4층에 있다.

⑤ 영업부는 3층의 복사기를 쓰고 있다.

 ① 복사기를 같이 쓴다고 해서 같은 층에 있는 것은 아니다. 영업부가 경리부처럼 위층의 복사기를 쓸 수도 있다.
③ 인사부가 2층의 복사기를 쓰고 있다고 해서 인사부의 위치가 2층인지는 알 수 없다.
④ 제시된 조건으로 기획부의 위치는 알 수 없다.
⑤ 제시된 조건으로는 알 수 없다.

37 4명의 사원을 세계의 각 도시로 출장을 보내려고 한다. 도쿄에 가는 사람은 누구인가?

> - 甲은 뉴욕과 파리를 선호한다.
> - 乙은 도쿄와 파리를 싫어한다.
> - 乙과 丁은 함께 가야한다.
> - 丙과 丁은 뉴욕과 도쿄를 선호한다.
> - 丙은 甲과 같은 도시에는 가지 않을 생각이다.

① 甲 ② 乙

③ 丙 ④ 丁

⑤ 알 수 없다.

 丙은 뉴욕과 도쿄를 선호하는데 甲과 같은 도시에는 가지 않을 생각이므로 뉴욕은 갈 수 없고 丙 아니면 丁이 도쿄에 가는데 乙이 丁과 함께 가야하므로 丁이 도쿄에 갈 수 없다. 따라서 丙이 도쿄에 간다.

38 다음 글을 통해서 볼 때, 그림을 그린 사람(들)은 누구인가?

> 송화, 진수, 경주, 상민, 정란은 대학교 회화학과에 입학하기 위해 △△미술학원에서 그림을 그린다. 이들은 특이한 버릇을 가지고 있다. 송화, 경주, 정란은 항상 그림이 마무리되면 자신의 작품 밑에 거짓을 쓰고, 진수와 상민은 자신의 그림에 언제나 참말을 써넣는다. 우연히 다음과 같은 글귀가 적힌 그림이 발견되었다.
> "이 그림은 진수가 그린 것이 아님."

① 진수
② 상민
③ 송화
④ 송화, 경주
⑤ 경주, 정란

 작품 밑에 참인 글귀를 적는 진수와 상민이 그렸다면, 진수일 경우 진수가 그리지 않았으므로 진수는 그림을 그린 것이 아니고 상민일 경우 문제의 조건에 맞으므로 상민이 그린 것이 된다.

39 6권의 책을 책장에 크기가 큰 것부터 차례대로 책을 배열하려고 한다. 책의 크기가 동일할 때 알파벳 순서대로 책을 넣는다면 다음 조건에 맞는 진술은 어느 것인가?

> • Demian은 책장의 책들 중 두 번째로 큰 하드커버 북이다.
> • One Piece와 Death Note의 책 크기는 같다.
> • Bleach는 가장 작은 포켓북이다.
> • Death Note는 Slam Dunk보다 작다.
> • The Moon and Sixpence는 One Piece보다 크다.

① Demian은 Bleach 다음 순서에 온다.
② 책의 크기는 Slam Dunk가 The Moon and Sixpence 보다 크다.
③ One Piece는 Bleach의 바로 앞에 온다.
④ Slam Dunk 다음 순서로 Demian이 온다.
⑤ 가장 큰 책은 The Moon and Sixpence이다.

 ① Bleach는 가장 작은 포켓북이므로 마지막 순서에 온다.
② Slam Dunk와 The Moon and Sixpence 둘 중 어떤 책이 더 큰지는 알 수 없다.
④ Demian이 더 큰지 Slam Dunk가 더 큰지 알 수 없다.
⑤ 알 수 없다.

Answer ➛ 36.② 37.③ 38.② 39.③

40 세 극장 A, B와 C는 직선도로를 따라 서로 이웃하고 있다. 이들 극장의 건물 색깔이 회색, 파란색, 주황색이며 극장 앞에서 극장들을 바라볼 때 다음과 같다면 옳은 것은?

> • B극장은 A극장의 왼쪽에 있다.
> • C극장의 건물은 회색이다.
> • 주황색 건물은 오른쪽 끝에 있는 극장의 것이다.

① A의 건물은 파란색이다.

② A는 가운데 극장이다.

③ B의 건물은 주황색이다.

④ C는 맨 왼쪽에 위치하는 극장이다.

⑤ C의 건물은 파란색이다.

(Tip) 제시된 조건에 따라 극장과 건물 색깔을 배열하면 C(회색), B(파란색), A(주황색)이 된다.

03 자료해석

1 다음은 IT산업 부문별 생산규모에 관한 자료이다. 다음 중 방송서비스와 융합서비스의 생산규모 합과 통신서비스의 생산규모 차이는?

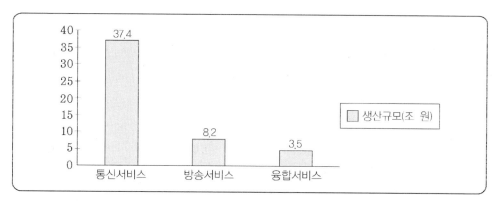

① 24.7(조 원)

② 25.7(조 원)

③ 26.7(조 원)

④ 27.7(조 원)

⑤ 28.7(조 원)

• 방송서비스와 융합서비스의 생산규모 합 : 11.7(조 원)
• 방송서비스와 융합서비스의 생산규모 합과 통신서비스의 생산규모 차이 : 25.7(조 원)

Answer ➙ 40.④ / 1.②

2 다음은 연도별 A도시의 피부병 환자에 관한 자료이다. 2003년까지의 환자 수와 그 이후의 환자 수의 차이는?

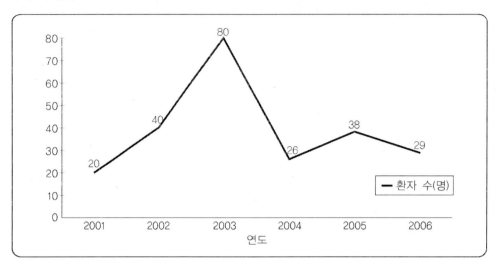

① 43명

② 45명

③ 47명

④ 49명

⑤ 51명

 • 2003년까지의 환자 수 = 20+40+80 = 140명
• 2003년 이후의 환자 수 = 26+38+29 = 93명
따라서 두 기간의 환자 수 차이는 47명이다.

3 다음은 중간고사 물리 성적에 관한 자료이다. 다음 중 병의 물리 성적은?

응시생 　　　 구분	정답 문항 수	오답 문항 수
갑	19	( )
을	18	2
병	( )	1
정	18	2
무	17	( )

※ 물리 시험은 총 20문항으로 100점 만점이다.

① 100점 　　　　　　　　　② 95점
③ 90점 　　　　　　　　　④ 85점
⑤ 80점

(Tip) 물리 시험은 총 20문항이므로 병이 받은 정답 문항 수는 19개이다.
따라서 병의 물리 성적은 95점이다.

4 다음은 전라도의 외국인등록현황에 관한 자료이다. 전라북도와 전라남도의 외국인등록인구의 차이가 가장 큰 연도와 가장 작은 연도로 바르게 짝지어진 것은?

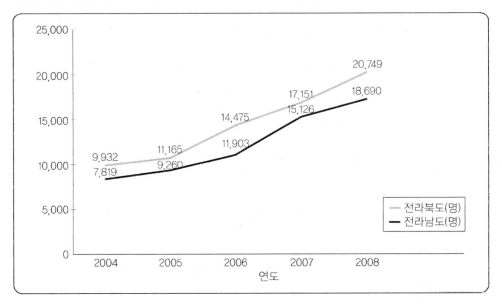

① 2004년, 2008년

② 2005년, 2007년

③ 2005년, 2004년

④ 2006년, 2008년

⑤ 2006년, 2005년

- 2004년 두 지역의 외국인등록인구 차이 : 2,113명
- 2005년 두 지역의 외국인등록인구 차이 : 1,905명
- 2006년 두 지역의 외국인등록인구 차이 : 2,572명
- 2007년 두 지역의 외국인등록인구 차이 : 2,025명
- 2008년 두 지역의 외국인등록인구 차이 : 2,059명

5 다음은 한국수역 내 불법조업 검거현황에 관한 자료이다. 다음 중 전년 대비 검거어선 증가량이 가장 많았던 시기의 증가율은?

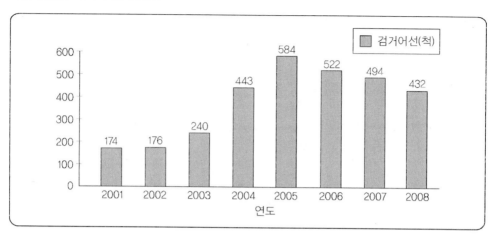

① 82.5%

② 83.8%

③ 84.6%

④ 85.4%

⑤ 86.1%

 • 전년 대비 2004년의 검거어선 증가량은 203척으로 가장 많았다.

따라서 전년 대비 2004년의 검거어선 증가율은 $\frac{203}{240} \times 100 = 84.6\%$

Answer → 4.⑤ 5.③

∥ 6~7 ∥ 다음은 2001년부터 2008년까지 전국 교통안전시설 설치현황에 관한 자료이다. 다음 물음에 답하시오.

(단위 : 천 개)

연도	안전표지					신호등		
	주의	규제	지시	보조	계	차신호등	보행등	계
2001	140	140	100	85	465	82	45	127
2002	160	160	110	100	530	95	50	145
2003	175	190	130	135	630	110	48	158
2004	190	200	140	130	660	115	55	170
2005	205	220	150	140	715	160	70	230
2006	230	230	165	135	760	195	80	275
2007	240	240	175	145	800	245	87	332
2008	245	250	165	150	810	270	95	365

6 2003년 대비 2008년 안전표지 설치 중 증가율이 가장 높은 것은?

① 주의표지 ② 규제표지

③ 지시표지 ④ 보조표지

⑤ 알 수 없다.

(Tip)

① $\dfrac{245-175}{175} \times 100 = 40$

② $\dfrac{250-190}{190} \times 100 = 31.57 \cdots$

③ $\dfrac{165-130}{130} \times 100 = 26.92 \cdots$

④ $\dfrac{150-135}{135} \times 100 = 11.11 \cdots$

7 2008년 안전표지 중 주의와 규제표지의 합이 차지하는 비중은 얼마인가?

① 약 50% ② 약 55%

③ 약 60% ④ 약 65%

⑤ 약 70%

(Tip) $\dfrac{245+250}{810} \times 100 = 61.11 \cdots (\%)$

8 10대 40명, 20대 100명, 30대 50명, 40대 80명, 50대 x명에게 '지금 여행가고 싶은 곳'을 질문한 결과 다음과 같은 표로 나타났다. 퍼즐의 빈칸을 채운 뒤, 빈칸에 들어간 숫자의 합을 구하면?

구분	미국	유럽	아시아	기타
10대	25%	㉠	35%	20%
20대	12%	19%	37%	32%
30대	㉣	28%	14%	30%
40대	20%	20%	㉡	35%
50대	10%	30%	25%	㉢

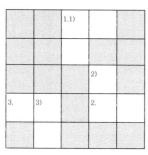

[가로] 1. ㉠은 몇 %인가?
　　　2. 미국에 가고 싶다고 한 인원이 총 57명이라면 50대는 총 몇 명인가?
　　　3. 유럽에 가고 싶다고 한 인원은 총 몇 명인가?
[세로] 1) ㉡은 몇 %인가?
　　　2) ㉢은 몇 %인가?
　　　3) ㉣은 몇 %인가?

① 40
② 38
③ 36
④ 34
⑤ 32

(Tip)

[가로] 1. $100 - 25 - 35 - 20 = 20$
　　　2. $40 \times \frac{25}{100} + 100 \times \frac{12}{100} + 50 \times \frac{28}{100} + 80 \times \frac{20}{100} + x \times \frac{10}{100} = 57,$
　　　　$\therefore x = 50$
　　　3. $40 \times \frac{20}{100} + 100 \times \frac{19}{100} + 50 \times \frac{28}{100} + 80 \times \frac{20}{100} + 50 \times \frac{30}{100} = 72$
[세로] 1) $100 - 20 - 20 - 35 = 25$
　　　2) $100 - 10 - 30 - 25 = 35$
　　　3) $100 - 28 - 14 - 30 = 28$

따라서 빈칸에 들어갈 숫자의 합은 $2 + 0 + 5 + 7 + 2 + 8 + 3 + 5 + 0 = 32$이다.

Answer → 6.① 7.③ 8.⑤

∎9~10∎ 다음은 어느 공과대학의 각 학과 지원자의 비율을 나타낸 것이다. 그래프를 보고 물음에 답하시오. (단, 각 비율은 소수점 첫째 자리에서 반올림한 것이다)

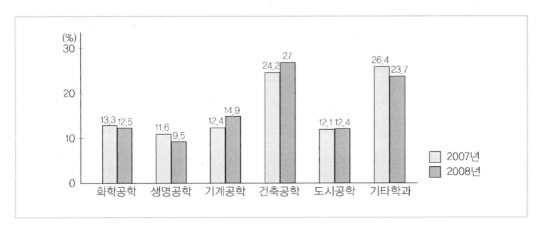

9 기타학과를 제외하고 전년 대비 지원 감소폭이 가장 큰 학과의 2008년 지원자수가 190명일 때, 2008년에 공과대학에 지원한 총 학생 수는?

① 2,000명　　　　　　　　　　② 1,600명

③ 1,300명　　　　　　　　　　④ 1,000명

⑤ 900명

 기타학과를 제외하고 전년 대비 지원 감소폭이 가장 큰 학과는 생명공학과이다.

9.5%가 190명이므로,

$9.5 : 190 = 100 : x$

$19000 = 9.5x$

$\therefore x = 2000$

10 2008년 건축공학과를 지원한 학생 수는 270명이다. 공과대학 전체 지원자 수가 전년과 동일하였다고 가정할 때, 2008년의 건축공학과 지원자 수는 전년 대비 몇 명이 증가하였는가?

① 28명

② 21명

③ 14명

④ 7명

⑤ 5명

 2008년 전체 학생 수를 x라 하면,

$27 : 270 = 100 : x$

$\therefore x = 1000$

2007년의 전체 학생 수도 1000명이므로 건축공학과 지원자 수는

$1000 \times \dfrac{242}{1000} = 242$

$270 - 242 = 28$(명)

11 다음은 A 자치구가 관리하는 전체 13개 문화재 보수공사 추진현황을 정리한 자료이다. 이에 대한 설명 중 옳은 것은?

(단위 : 백만 원)

문화재 번호	공사내용	사업비				공사기간	공정
		국비	시비	구비	합계		
1	정전 동문보수	700	300	0	1,000	2008. 1. 3 ~2008. 2.15	공사 완료
2	본당 구조보강	0	1,106	445	1,551	2006.12.16 ~2008.10.31	공사 완료
3	별당 해체보수	0	256	110	366	2007.12.28 ~2008.11.26	공사 중
4	마감공사	0	281	49	330	2008. 3. 4 ~2008.11.28	공사 중
5	담장보수	0	100	0	100	2008. 8.11 ~2008.12.18	공사 중
6	관리실 신축	0	82	0	82	계획 중	
7	대문 및 내부 담장공사	17	8	0	25	2008.11.17 ~2008.12.27	공사 중
8	행랑채 해체보수	45	45	0	90	2008.11.21 ~2009. 6.19	공사 중
9	벽면보수	0	230	0	230	2008.11.10 ~2009. 9. 6	공사 중
10	방염공사	9	9	0	18	2008.11.23 ~2008.12.24	공사 중
11	소방·전기 공사	0	170	30	200	계획 중	
12	경관조명 설치	44	44	0	88	계획 중	
13	단청보수	67	29	0	96	계획 중	

※ 공사는 제시된 공사기간에 맞추어 완료하는 것으로 가정함.

① 이 표가 작성된 시점은 2008년 11월 10일 이전이다.

② 전체 사업비 중 시비와 구비의 합은 전체 사업비의 절반 이하이다.

③ 사업비의 80% 이상을 시비로 충당하는 문화재 수는 전체의 50% 이상이다.

④ 국비를 지원 받지 못하는 문화재 수는 구비를 지원 받지 못하는 문화재 수보다 적다.

⑤ 공사 중인 문화재사업비 합은 공사완료된 문화재사업비 합의 50% 이상이다.

④ 국비를 지원받지 못하는 문화재 수는 7개, 구비를 지원받지 못하는 문화재는 9개이다.

① 2008년 11월 10일에 공사를 시작한 문화재가 공사 중이라고 기록되어 있는 것으로 보아 2008년 11월 10일 이후에 작성된 것으로 볼 수 있다.

② 전체 사업비 총 합은 4,176이고 시비와 구비의 합은 3,294이다. 따라서 전체 사업비 중 시비와 구비의 합은 전체 사업비의 절반 이상이다.

③ 사업비의 80% 이상을 시비로 충당하는 문화재 수는 전체의 50% 이하이다.

⑤ 공사 중인 문화재사업비 합은 1,159이고, 공사완료된 문화재 사업비 합은 2,551로 50% 이하이다.

Answer → 11.④

|12~13 | 다음 〈표〉는 S전자 판매량과 실제 매출액 관계를 나타낸 것이다. 자료를 보고 물음에 답하시오.

제품명	판매량(만 대)	실제 매출액(억 원)
Z 냉장고	110	420
H 에어컨	100	408
H 김치냉장고	100	590
청소기	80	463
세탁기	80	435
살균건조기	80	422
공기청정기	75	385
Z 전자레인지	60	356

12 Z 냉장고와 Z 전자레인지는 판매량에서 몇 배나 차이가 나는가? (단, 소수 둘째 자리까지 구하시오.)

① 1.62
② 1.83
③ 2.62
④ 3.14
⑤ 5.25

 110 ÷ 60 ≒ 1.83

13 예상 매출액은 '판매량 × 2 + 100'이라고 할 때, 예상 매출액과 실제 매출액의 차이가 가장 작은 제품과 가장 큰 제품이 바르게 짝지어진 것은?

	차이가 가장 작은 제품	차이가 가장 큰 제품
①	H 에어컨	H 김치냉장고
②	Z 전자레인지	청소기
③	Z 냉장고	H 김치냉장고
④	H 에어컨	청소기
⑤	Z 냉장고	Z 전자레인지

(Tip) 각 제품의 예상 매출액을 구해보면 Z 냉장고는 320(억 원)으로 실제 매출액과 100(억 원)이 차이가 나고, H 에어컨은 108(억 원)이, H 김치냉장고는 290(억 원), 청소기는 203(억 원), 세탁기는 175(억 원), 살균건조기는 162(억 원), 공기청정기는 135(억 원), Z 전자레인지는 136(억 원)이 차이가 난다.

14 다음은 성인과 학생의 학원 교육비에 관한 자료이다. 다음 중 증가폭 차이가 가장 큰 것은?

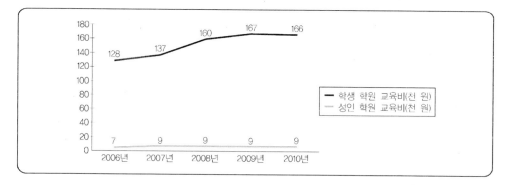

① 2007~2008년 학생 학원 교육비   ② 2008~2009년 성인 학원 교육비

③ 2009~2010년 학생 학원 교육비   ④ 2006~2007년 성인 학원 교육비

⑤ 2006~2007년 학생 학원 교육비

(Tip) ① 23(천 원) 증가
② 변화 없음
③ 1(천 원) 감소
④ 2(천 원) 증가
⑤ 9(천 원) 증가

Answer ↪ 12.② 13.③ 14.①

15 다음은 '갑'지역의 친환경농산물 인증심사에 대한 자료이다. 2011년부터 인증심사원 1인당 연간 심사할 수 있는 농가수가 상근직은 400호, 비상근직은 250호를 넘지 못하도록 규정이 바뀐다고 할 때, 〈조건〉을 근거로 예측한 내용 중 옳지 않은 것은?

'갑'지역의 인증기관별 인증현황(2010년)

(단위 : 호, 명)

인증기관	심사 농가수	승인 농가수	인증심사원		
			상근	비상근	합
A	2,540	542	4	2	6
B	2,120	704	2	3	5
C	1,570	370	4	3	7
D	1,878	840	1	2	3
계	8,108	2,456	11	10	21

※ 1) 인증심사원은 인증기관 간 이동이 불가능하고 추가고용을 제외한 인원변동은 없음.
　 2) 각 인증기관은 추가 고용 시 최소인원만 고용함.

〈조건〉

• 인증기관의 수입은 인증수수료가 전부이고, 비용은 인증심사원의 인건비가 전부라고 가정한다.
• 인증수수료 : 승인농가 1호당 10만 원
• 인증심사원의 인건비는 상근직 연 1,800만 원, 비상근직 연 1,200만 원이다.
• 인증기관별 심사 농가수, 승인 농가수, 인증심사원 인건비, 인증수수료는 2010년과 2011년에 동일하다.

---

① 2010년에 인증기관 B의 수수료 수입은 인증심사원 인건비 보다 적다.

② 2011년 인증기관 A가 추가로 고용해야 하는 인증심사원은 최소 2명이다.

③ 인증기관 D가 2011년에 추가로 고용해야 하는 인증심사원을 모두 상근으로 충당한다면 적자이다.

④ 만약 정부가 '갑'지역에 2010년 추가로 필요한 인증심사원을 모두 상근으로 고용하게 하고 추가로 고용되는 상근 심사원 1인당 보조금을 연 600만 원씩 지급한다면 보조금 액수는 연간 5,000만 원 이상이다.

⑤ 만약 2010년 인증수수료 부과기준이 '승인 농가'에서 '심사 농가'로 바뀐다면, 인증수수료 수입액이 가장 많이 증가하는 인증기관은 A이다.

④ 2011년부터 인증심사원 1인당 연간 심사할 수 있는 농가수가 상근직은 400호, 비상근직은 250호를 넘지 못하도록 규정이 바뀐다고 할 때 A지역에는 (4 × 400호) + (2 × 250호) = 2,100이므로 440개의 심사 농가 수에 추가의 인증심사원이 필요하다. 그런데 모두 상근으로 고용할 것이고 400호 이상을 심사할 수 없으므로 추가로 2명의 인증심사원이 필요하다. 그리고 같은 원리로 B지역도 2명, D지역에서는 3명의 추가의 상근 인증심사원이 필요하다. 따라서 총 7명을 고용해야 하며 1인당 지급되는 보조금이 연간 600만 원이라고 했으므로 보조금 액수는 4,200만 원이 된다.

16 다음은 A 회사의 2000년과 2010년의 출신 지역 및 직급별 임직원 수에 대한 자료이다. 이에 대한 설명으로 옳지 않은 것은?

2000년의 출신 지역 및 직급별 임직원 수

(단위 : 명)

직급 \ 지역	서울·경기	강원	충북	충남	경북	경남	전북	전남	합계
이사	0	0	1	1	0	0	1	1	4
부장	0	0	1	0	0	1	1	1	4
차장	4	4	3	3	2	1	0	3	20
과장	7	0	7	4	4	5	11	6	44
대리	7	12	14	12	7	7	5	18	82
사원	19	38	41	37	11	12	4	13	175
합계	37	54	67	57	24	26	22	42	329

2010년의 출신 지역 및 직급별 임직원 수

(단위 : 명)

직급 \ 지역	서울·경기	강원	충북	충남	경북	경남	전북	전남	합계
이사	3	0	1	1	0	0	1	2	8
부장	0	0	2	0	0	1	1	0	4
차장	3	4	3	4	2	1	1	2	20
과장	8	1	14	7	6	7	18	14	75
대리	10	14	13	13	7	6	2	12	77
사원	12	35	38	31	8	11	2	11	148
합계	36	54	71	56	23	26	25	41	332

① 출신 지역을 고려하지 않을 때, 2000년 대비 2010년에 직급별 인원의 증가율은 이사 직급에서 가장 크다.

② 출신 지역별로 비교할 때, 2010년의 경우 해당 지역 출신 임직원 중 과장의 비율은 전라북도가 가장 높다.

③ 2000년에 비해 2010년에 과장의 수는 증가하였다.

④ 2000년에 비해 2010년에 대리의 수가 늘어난 출신 지역은 대리의 수가 줄어든 출신 지역에 비해 많다.

⑤ 2000년에 비해 2010년에 대리의 수가 늘어난 출신 지역은 서울·경기, 강원, 충남이다.

Tip 2000년에 비해 2010년에 대리의 수가 늘어난 출신 지역은 서울·경기, 강원, 충남 3곳이고, 대리의 수가 줄어든 출신 지역은 충북, 경남, 전북, 전남 4곳이다.

투자안	판매단가(원/개)	고정비(원)	변동비(원/개)
A	2	20,000	1.5
B	2	60,000	1.0

1) 매출액 = 판매단가 × 매출량(개)
2) 매출원가 = 고정비 + (변동비 × 매출량(개))
3) 매출이익 = 매출액 − 매출원가

17 위의 투자안 A와 B의 투자 조건을 보고 매출량과 매출이익을 해석한 것으로 옳은 것은?

① 매출량 증가폭 대비 매출이익의 증가폭은 투자안 A가 투자안 B보다 항상 작다.

② 매출량 증가폭 대비 매출이익의 증가폭은 투자안 A가 투자안 B보다 항상 크다.

③ 매출량 증가폭 대비 매출이익의 증가폭은 투자안 A와 투자안 B가 항상 같다.

④ 매출이익이 0이 되는 매출량은 투자안 A가 투자안 B보다 많다.

⑤ 매출이익이 0이 되는 매출량은 투자안 A가 투자안 B가 같다.

 ①②③ 매출량 증가폭 대비 매출이익의 증가폭은 기울기를 의미하는 것이다.

매출량을 x, 매출이익을 y라고 할 때,

A는 $y = 2x - (20,000 + 1.5x) = -20,000 + 0.5x$

B는 $y = 2x - (60,000 + 1.0x) = -60,000 + x$

따라서 A의 기울기는 0.5, B의 기울기는 1이 돼서 매출량 증가폭 대비 매출이익의 증가폭은 투자안 A가 투자안 B보다 항상 작다.

④⑤ A의 매출이익은 매출량 40,000일 때 0이고, B의 매출이익은 매출량이 60,000일 때 0이 된다. 따라서 매출이익이 0이 되는 매출량은 투자안 A가 투자안 B보다 작다.

18 매출량이 60,000개라고 할 때, 투자안 A와 투자안 B를 비교한 매출이익은 어떻게 되겠는가?

① 투자안 A가 투자안 B보다 같다.

② 투자안 A가 투자안 B보다 작다.

③ 투자안 A가 투자안 B보다 크다.

④ 제시된 내용만으로 비교할 수 없다.

⑤ 투자안 A가 투자안 B보다 5,000원 크다.

㉠ A의 매출이익
- 매출액=2×60,000=120,000
- 매출원가=20,000+(1.5×60,000)=110,000
- 매출이익=120,000−110,000=10,000

㉡ B의 매출이익
- 매출액=2×60,000=120,000
- 매출원가=60,000+(1.0×60,000)=120,000
- 매출이익=120,000−120,000=0

∴ 투자안 A가 투자안 B보다 크다.

19 다음은 서울 및 수도권 지역의 가구를 대상으로 난방방식 현황 및 난방연료 사용현황에 대해 조사한 자료이다. 이에 대한 설명 중 옳은 것을 모두 고르면?

난방방식 현황

(단위 : %)

종류	서울	인천	경기남부	경기북부	전국평균
중앙난방	22.3	13.5	6.3	11.8	14.4
개별난방	64.3	78.7	26.2	60.8	58.2
지역난방	13.4	7.8	67.5	27.4	27.4

난방연료 사용현황

(단위 : %)

종류	서울	인천	경기남부	경기북부	전국평균
도시가스	84.5	91.8	33.5	66.1	69.5
LPG	0.1	0.1	0.4	3.2	1.4
등유	2.4	0.4	0.8	3.0	2.2
열병합	12.6	7.4	64.3	27.1	26.6
기타	0.4	0.3	1.0	0.6	0.3

> ㉠ 난방연료 사용현황의 경우, 도시가스를 사용하는 가구 비율은 인천이 가장 크다.
> ㉡ 서울과 인천지역에서는 다른 난방연료보다 도시가스를 사용하는 비율이 높다.
> ㉢ 지역난방을 사용하는 가구 수는 서울이 인천의 2배 이하이다.
> ㉣ 경기지역은 남부가 북부보다 지역난방을 사용하는 비율이 낮다.

① ㉠㉡

② ㉠㉢

③ ㉠㉣

④ ㉡㉣

⑤ ㉢㉣

 ㉢ 자료에서는 서울과 인천의 가구 수를 알 수 없다.
㉣ 남부가 북부보다 지역난방을 사용하는 비율이 높다.

20 다음은 어떤 지역의 연령층 · 지지 정당별 사형제 찬반에 대한 설문조사 결과이다. 이에 대한 설명 중 옳은 것을 고르면?

(단위 : 명)

연령층	지지정당	사형제에 대한 태도	빈도
청년층	A	찬성	90
		반대	10
	B	찬성	60
		반대	40
장년층	A	찬성	60
		반대	10
	B	찬성	15
		반대	15

> ㉠ 청년층은 장년층보다 사형제에 반대하는 사람의 수가 적다.
> ㉡ B당 지지자의 경우, 청년층은 장년층보다 사형제 반대 비율이 높다.
> ㉢ A당 지지자의 사형제 찬성 비율은 B당 지지자의 사형제 찬성 비율보다 높다.
> ㉣ 사형제 찬성 비율의 지지 정당별 차이는 청년층보다 장년층에서 더 크다.

① ㉠㉡

② ㉠㉣

③ ㉡㉢

④ ㉡㉣

⑤ ㉢㉣

 ㉠ 청년층 중 사형제에 반대하는 사람 수(50명)>장년층에서 반대하는 사람 수(25명)

㉡ B당을 지지하는 청년층에서 사형제에 반대하는 비율 : $\frac{40}{40+60}=40\%$

B당을 지지하는 장년층에서 사형제에 반대하는 비율 : $\frac{15}{15+15}=50\%$

㉢ A당은 찬성 150, 반대 20, B당은 찬성 75, 반대 55의 비율이므로 A당의 찬성 비율이 높다.

㉣ 청년층에서 A당 지지자의 찬성 비율 : $\frac{90}{90+10}=90\%$

청년층에서 B당 지지자의 찬성 비율 : $\frac{60}{60+40}=60\%$

장년층에서 A당 지지자의 찬성 비율 : $\frac{60}{60+10}≒86\%$

장년층에서 B당 지지자의 찬성 비율 : $\frac{15}{15+15}=50\%$

따라서 사형제 찬성 비율의 지지 정당별 차이는 청년층보다 장년층에서 더 크다.

21 다음은 A도시의 생활비 지출에 관한 자료이다. 연령에 따른 전년도 대비 지출 증가비율을 나타낸 것이라 할 때 작년에 비해 가게운영이 더 어려웠을 가능성이 높은 업소는?

연령(세) 품목	24 이하	25~29	30~34	35~39	40~44	45~49	50~54	55~59	60~64	65 이상
식료품	7.5	7.3	7.0	5.1	4.5	3.1	2.5	2.3	2.3	2.1
의류	10.5	12.7	−2.5	0.5	−1.2	1.1	−1.6	−0.5	−0.5	−6.5
신발	5.5	6.1	3.2	2.7	2.9	−1.2	1.5	1.3	1.2	−1.9
의료	1.5	1.2	3.2	3.5	3.2	4.1	4.9	5.8	6.2	7.1
교육	5.2	7.5	10.9	15.3	16.7	20.5	15.3	−3.5	−0.1	−0.1
교통	5.1	5.5	5.7	5.9	5.3	5.7	5.2	5.3	2.5	2.1
오락	1.5	2.5	−1.2	−1.9	−10.5	−11.7	−12.5	−13.5	−7.5	−2.5
통신	5.3	5.2	3.5	3.1	2.5	2.7	2.7	−2.9	−3.1	−6.5

① 30대 후반이 주로 찾는 의류 매장

② 중학생 대상의 국어·영어·수학 학원

③ 30대 초반의 사람들이 주로 찾는 볼링장

④ 65세 이상 사람들이 자주 이용하는 마을버스 회사

⑤ 20대 후반이 주로 찾는 의류 매장

(Tip) 마이너스가 붙은 수치들은 전년도에 비해 지출이 감소했음을 뜻하므로 주어진 보기 중 마이너스 부호가 붙은 것을 찾으면 된다. 중학생 대상의 국·영·수 학원비 부담 계층은 대략 50세 이하인데 모두 플러스 부호에 해당하므로 전부 지출이 증가하였고, 30대 초반의 오락비 지출은 감소하였다.

22 다음 표는 A백화점의 판매비율 증가를 나타낸 것으로 전체 평균 판매증가비율과 할인기간의 판매증가비율을 구분하여 표시한 것이다. 주어진 조건을 고려할 때 A~F에 해당하는 순서대로 차례로 나열한 것은?

구분 월별	A 전체	A 할인	B 전체	B 할인	C 전체	C 할인	D 전체	D 할인	E 전체	E 할인	F 전체	F 할인
1	20.5	30.9	15.1	21.3	32.1	45.3	25.6	48.6	33.2	22.5	31.7	22.5
2	19.3	30.2	17.2	22.1	31.5	41.2	23.2	33.8	34.5	27.5	30.5	22.9
3	17.2	28.7	17.5	12.5	29.7	39.7	21.3	32.9	35.6	29.7	30.2	27.5
4	16.9	27.8	18.3	18.9	26.5	38.6	20.5	31.7	36.2	30.5	29.8	28.3
5	15.3	27.7	19.7	21.3	23.2	36.5	20.3	30.5	37.3	31.3	27.5	27.2
6	14.7	26.5	20.5	23.5	20.5	33.2	19.5	30.2	38.1	39.5	26.5	25.5

> ㉠ 의류, 냉장고, 보석, 핸드백, TV, 가구에 대한 표이다.
> ㉡ 가구는 1월에 비해 6월에 전체 평균 판매증가비율이 높아졌다.
> ㉢ 냉장고는 3월을 제외하고는 할인기간의 판매증가비율이 전체 평균 판매증가비율보다 크다.
> ㉣ 핸드백은 할인기간의 판매증가비율보다 전체 평균 판매증가비율이 더 크다.
> ㉤ 1월과 6월을 비교할 때 의류는 전체 평균 판매증가비율의 감소가 가장 크다.
> ㉥ 보석은 1월에 전체 평균 판매증가비율과 할인기간의 판매증가비율의 차이가 가장 크다.

① TV – 의류 – 보석 – 핸드백 – 가구 – 냉장고

② TV – 냉장고 – 의류 – 보석 – 가구 – 핸드백

③ 의류 – 보석 – 가구 – 냉장고 – 핸드백 – TV

④ 의류 – 냉장고 – 보석 – 가구 – 핸드백 – TV

⑤ 보석 – 냉장고 – 의류 – 가구 – 핸드백 – TV

(Tip) 주어진 표에 따라 조건을 확인해보면, 조건의 ㉡은 B, E가 해당하는데 ㉢에서 B가 해당하므로 ㉡은 E가 된다. ㉣은 F가 되고 ㉤은 C가 되며 ㉥은 D가 된다. 남은 것은 TV이므로 A는 TV가 된다. 그러므로 TV – 냉장고 – 의류 – 보석 – 가구 – 핸드백이 정답이다.

┃23~24┃ 다음은 A, B, C 대학 졸업생들 중 국내 대기업 ㈎, ㈏, ㈐, ㈑에 지원한 사람의 비율을 나타낸 것이다. 물음에 답하시오. (단, ( )안은 지원자 중 취업한 사람의 비율을 나타낸다.)

학교 \ 그룹	㈎ 그룹	㈏ 그룹	㈐ 그룹	㈑ 그룹	취업 희망자수
A 대학	60%(50%)	15%(80%)	㉠%(60%)	5%(90%)	800명
B 대학	55%(40%)	20%(65%)	12%(75%)	13%(90%)	700명
C 대학	75%(65%)	10%(70%)	4%(90%)	11%(㉡%)	400명

23 다음 중 ㉠에 해당하는 수는?

① 15% ② 20%

③ 30% ④ 35%

⑤ 42%

 $100-(60+15+5)=20(\%)$

24 C 대학 졸업생 중 ㈑그룹에 지원하여 취업한 사람이 모두 30명이라 할 때 ㉡에 알맞은 수는?

① 24% ② 30%

③ 45% ④ 68%

⑤ 72%

 지원자 수 = $400 \times 0.11 = 44$(명)

44명 중 30명이 취업했으므로 그 비율은 $\frac{30}{44} \times 100 ≒ 68(\%)$

Answer⌐→ 22.② 23.② 24.④

25 다음은 중학생의 주당 운동시간에 관한 자료이다. 다음 중 주당 운동시간이 3시간 미만의 1학년 인원수와 3시간 이상의 3학년 인원수로 짝지어진 것은?

(단위 : %, 명)

구분		1학년	2학년	3학년
1시간 미만	비율	10.0	5.7	7.6
	인원수	118	66	87
1시간 이상 2시간 미만	비율	22.2	20.4	19.7
	인원수	261	235	224
2시간 이상 3시간 미만	비율	21.8	20.9	24.1
	인원수	256	241	274
3시간 이상 4시간 미만	비율	34.8	34.0	23.4
	인원수	409	392	266
4시간 이상	비율	11.2	19.0	25.2
	인원수	132	219	287
합계	비율	100.0	100.0	100.0
	인원수	1,176	1,153	1,138

	3시간 미만의 1학년 인원수	3시간 이상의 3학년 인원수
①	635	553
②	548	514
③	517	498
④	492	468
⑤	453	412

 • 주당 운동시간이 3시간 미만의 1학년 인원수 : 118＋261＋256＝635명
• 주당 운동시간이 3시간 이상의 3학년 인원수 : 266＋287＝553명

26 다음은 세계 HDD/SSD 시장 및 중국 내 생산 비중 추이를 나타낸 것이다. 다음 중 옳지 않은 것은?

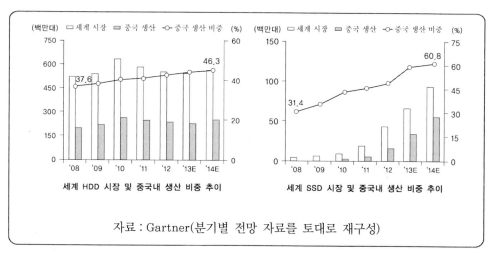

자료 : Gartner(분기별 전망 자료를 토대로 재구성)

① HDD의 중국 내 생산 비중은 꾸준히 증가해 왔다.

② SSD의 경우 중국 내 생산 비중은 2008년 약 31%에서 2014년 약 60%로 HDD를 추월하였다.

③ 세계 HDD 시장의 중국 생산은 꾸준히 증가해 왔다.

④ SSD의 중국 내 생산 비중은 꾸준히 증가해 왔다.

⑤ 세계 HDD 수요의 46%, SSD 수요의 60% 이상이 중국에서 생산된다.

 ③ 2010 ~ 2013년은 세계 HDD 시장의 중국 생산이 감소하였다.

|27~28| 다음은 교육복지지원 정책사업 내 단위사업 세출 결산 현황을 나타낸 표이다. 물음에 답하시오.

(단위 : 백만 원)

단위사업명	2013	2012	2011
	결산액	결산액	결산액
총계	5,016,557	3,228,077	2,321,263
학비 지원	455,516	877,020	1,070,530
방과후교육 지원	636,291	—	—
급식비 지원	647,314	665,984	592,300
정보화 지원	61,814	64,504	62,318
농어촌학교 교육여건 개선	110,753	71,211	77,334
교육복지우선 지원	157,598	188,214	199,019
누리과정 지원	2,639,752	989,116	—
교과서 지원	307,519	288,405	260,218
학력격차해소	—	83,622	59,544

27 2012년 대비 2013년의 급식비 지원 증감률로 옳은 것은? (단, 소수 둘째 자리에서 반올림한다)

① −2.8%

② −1.4%

③ 2.8%

④ 10.5%

⑤ 12.4%

 $\dfrac{647,314 - 665,984}{665,984} \times 100 ≒ -2.8$

28 다음 중 2011년 대비 2012년의 증감률이 가장 높은 단위사업으로 옳은 것은?

① 학비 지원　　　　　　　　　② 정보화 지원

③ 농어촌학교 교육여건 개선　　④ 교과서 지원

⑤ 학력격차해소

① $\dfrac{877,020-1,070,530}{1,070,530}\times 100 \fallingdotseq -18.1(\%)$

② $\dfrac{64,504-62,318}{62,318}\times 100 \fallingdotseq 3.5(\%)$

③ $\dfrac{71,211-77,334}{77,334}\times 100 \fallingdotseq -7.9(\%)$

④ $\dfrac{288,405-260,218}{260,218}\times 100 \fallingdotseq 10.8(\%)$

⑤ $\dfrac{83,622-59,544}{59,544}\times 100 \fallingdotseq 40.4(\%)$

29 한 달 전화 요금이 다음 표와 같은 A, B 두 요금제가 있다. B요금제가 더 유리하려면 한 달에 최소 몇 통화를 초과 사용해야 하는가?

요금제	기본요금	한 통화당 추가요금
A	18,000(기본 50통화)	25원(50통화 초과 시)
B	40,000원	없음

① 880통화　　　　　　　　　② 881통화

③ 930통화　　　　　　　　　④ 931통화

⑤ 1000통화

$18,000+25\,x > 40,000$

$25x > 22,000$

$x > 880$

880보다 많아야하므로 최소 881통화를 해야 한다.

Answer⏎→ 27.① 28.⑤ 29.②

|30~31| 다음은 연도별 유·초·중고등 휴직 교원의 사유에 관한 표이다. 물음에 답하시오.

(단위 : 명, %)

구분	휴직자계	질병	병역	육아	간병	동반	학업	기타
2013	28,562	1,202	1,631	20,826	721	927	327	2,928
2012	25,915	1,174	1,580	18,719	693	1,036	353	2,360
2011	22,882	1,019	1,657	15,830	719	1,196	418	2,043
2010	18,871	547	1,677	12,435	561	1,035	420	2,196
2009	16,111	532	1,359	10,925	392	1,536	559	808
2008	14,123	495	1,261	8,911	485	1,556	609	806
2007	11,119	465	1,188	6,098	558	1,471	587	752
2006	9,895	470	1,216	5,256	437	1,293	514	709
2005	8,848	471	1,071	4,464	367	1,120	456	899

30 다음 중 표에 관한 설명으로 옳지 않은 것은?

① 2005년부터 2013년까지 휴직의 사유를 보면 육아의 비중이 가장 높다.
② 2011년부터 2013년까지의 휴직의 사유 중 기타를 제외하고 비중이 높은 순서대로 나열하면 육아, 병역, 질병, 동반, 간병, 학업이다.
③ 2005년부터 2013년까지 휴직의 사유 중 병역은 항상 질병의 비중보다 높았다.
④ 2010년 휴직의 사유 중 간병은 질병의 비중보다 낮다.
⑤ 2012년부터는 휴직의 사유 중 육아가 차지하는 비중은 70%를 넘어서고 있다.

 ④ 2010년 휴직의 사유 중 간병은 질병의 비중보다 높다.

31 2007년 휴직의 사유 중 간병이 차지하는 비중으로 옳은 것은? (단, 소수 둘째자리에서 반올림한다)

① 2.2% ② 3.6%
③ 4.2% ④ 5.0%
⑤ 7.2%

$$\frac{558}{11,119} \times 100 ≒ 5.0(\%)$$

32 다음은 기업경기실사지수(BSI) 전망치 및 실적치 추이에 관한 그래프이다. 다음 중 옳지 않은 것은?

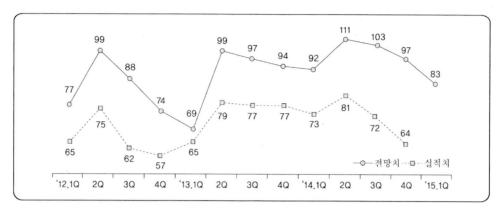

① 2015년 1/4분기 전망치는 83으로 전분기 대비 14포인트 하락하여, 2013년 2/4분기 이후 최저치이다.
② 기업경기실사지수(BSI) 전망치는 항상 실적치보다 높다.
③ 2012년 1/4분기 이후 2014년 1/4분기 전망치가 가장 높았다.
④ 2013년 2/4분기 전망치는 99로 전분기 대비 30포인트 상승하였다.
⑤ 2014년 2/4분기 실적치는 2012년 1/4분기 이후로 최고치였다.

> **Tip** ③ 2012년 1/4분기 이후 2014년 2/4분기 전망치가 111로 가장 높았다.

33~34 다음은 2014년 분야별 상담 건수 현황에 관한 표이다. 물음에 답하시오.

구분	개인정보	스팸	해킹 · 바이러스	인터넷일반	인터넷주소	KISA 사업문의	기타	합계
1월	16,279	9,515	13,195	438	219	5,462	14,238	59,346
2월	11,489	9,443	7,029	379	226	3,494	13,047	45,107
3월	12,839	10,461	9,571	437	256	4,338	13,099	51,001
4월	11,353	12,156	12,973	592	227	2,858	12,514	52,673
5월	10,307	12,408	14,178	476	182	2,678	10,697	50,926
6월	10,580	12,963	10,102	380	199	2,826	12,170	49,220
7월	13,635	12,905	7,630	393	201	3,120	13,001	50,875
8월	15,114	9,782	9,761	487	175	3,113	11,128	49,560

33 위의 표에 대한 설명으로 옳지 않은 것은?

① 스팸에 관한 상담 건수는 매월 증가하였다.

② 5월에 가장 많은 상담 건수를 차지한 것은 해킹 · 바이러스이다.

③ 6월에 인터넷주소 상담 건수 비율은 0.4%이다.

④ 7월에 KISA 사업문의는 294건 증가하였다.

⑤ 8월에 개인정보에 관한 상담 건수 비율이 30.50%로 가장 많았다.

> (Tip) ① 스팸에 관한 상담 건수는 2월, 7월, 8월에는 감소하였다.

34 8월의 분야별 상담 건수의 비율로 적절하지 않은 것은?

① 스팸 : 19.74% ② 해킹·바이러스 : 19.70%

③ 인터넷일반 : 1.3% ④ 인터넷주소 : 0.35%

⑤ KISA 사업문의 : 6.28%

Tip

$$\frac{487}{49,560} \times 100 = 0.98(\%)$$

▌35~37 ▌ 다음 표는 국내 상장사의 2009년도 1사분기 매출액을 나타낸다. 다음 물음에 답하시오.

(단위 : 백만 원, %)

유가증권시장 1분기 매출액 상위기업			
순위	회사명	매출액	증감률
1	삼성전자	17,107,345	18.92
2	국민은행	8,275,721	53.38
3	현대자동차	8,197,811	21.97
4	한국전력공사	8,017,103	12.04
5	LG전자	6,927,232	14.81
6	한국가스공사	6,575,411	43.83
7	포스코	6,066,183	6.41
8	SK네트워크	5,107,402	28.54
9	S-Oil	4,666,726	45.47
10	현대중공업	4,354,065	18.43

35 이 표를 바탕으로 지난 2008년도 같은 기간에 매출액이 2위인 회사는 어디라고 추측할 수 있는가?

① 삼성전자   ② 국민은행

③ 현대자동차   ④ 한국전력공사

⑤ LG전자

회사명	2008년 매출액
삼성전자	14,385,591
국민은행	5,395,567
현대자동차	6,721,169
한국전력공사	7,155,572
LG전자	6,033,648

36 포스코의 연간 매출액은 어느 정도인가?

① 약 6조 원   ② 약 12조 원

③ 약 24조 원   ④ 약 48조 원

⑤ 약 52조 원

> **Tip** $6,066,183,000,000 \times 4 = 24,264,732,000,000$

37 위 표를 바탕으로 2009년 매출액이 30조를 넘을 것으로 예상되는 기업은 모두 몇 개인가?

① 3개   ② 4개

③ 5개   ④ 6개

⑤ 7개

> **Tip**   2009년 매출액이 30조를 넘을 것으로 예상되는 기업은 삼성전자, 국민은행, 현대자동차, 한국전력공사로 모두 4곳이다.

Answer ➜ 35.④   36.③   37.②

| 38~40 | 다음은 어느 대학교 졸업생들의 진출현황을 조사한 자료이다. 물음에 답하시오.

순위	직업종류	인원수	비율(%)
1	대학교수	6259	14.40
2	의료/보건	5146	11.78
3	법조	3441	7.87
4	공무원	2261	5.17
5	중고등학교 교사	ⓐ	5.01
6	대학원진학	1743	3.99
7	기업연구소	1627	3.72
8	제조업	1593	3.65
9	신문/방송	1420	ⓑ
10	엔지니어링/설계	1279	2.93

38 이 그래프에 대한 설명으로 맞는 것은?

① 대기업에 진출한 졸업생의 비율이 가장 높다.

② 교육 분야로 진출하는 졸업생의 비율이 약 30%에 달한다.

③ 졸업 후 상위학교로 진학하는 학생이 법조계로 진출하는 학생보다 많다.

④ 제조업 보다는 서비스업에 진출하는 졸업생의 비율이 매우 높다.

⑤ 의료/보건 분야로 진출하는 졸업생의 비율은 20% 이상이다.

① 대학교수로 진출한 비율이 가장 높다.

② 대학교수, 중고등학교 교사는 19.41%이다.

③ 졸업 후 상위학교로 진학하는 학생이 법조계로 진출하는 학생보다 적다.

⑤ 의료/보건 분야로 진출하는 졸업생의 비율은 11.78%로 20% 이하이다.

39 ⓐ에 들어갈 인원수는 약 몇 명인가?

① 약 2180명　　　　　　② 약 2220명

③ 약 2200명　　　　　　④ 약 2240명

⑤ 약 2260명

 $6259 : 14.40 = x : 5.01$

$14.40x = 31357.59$

$\therefore x \fallingdotseq 2177$

40 ⓑ에 들어갈 수는 약 몇 퍼센트인가?

① 3.06%　　　　　　② 3.16%

③ 3.27%　　　　　　④ 3.36%

⑤ 4.32%

 $6259 : 14.40 = 1420 : x$

$6259x = 20448$

$\therefore x \fallingdotseq 3.27$

Answer ☞ 38.④　39.①　40.③

04 정보추론

1   다음은 대학생의 여름방학 계획에 관한 설문 자료이다. 이에 대한 설명으로 옳지 않은 것은?

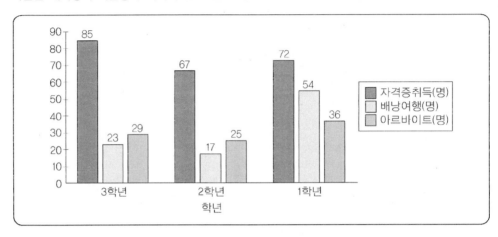

① 자격증취득을 계획한 대학생은 3학년이 가장 많다.

② 아르바이트를 계획한 대학생은 2학년이 가장 적다.

③ 1학년 중 자격증취득을 계획한 수는 배낭여행을 계획한 수보다 많다.

④ 배낭여행을 계획한 대학생은 학년이 높을수록 수가 증가하였다.

⑤ 각 학년에 설문에 응답한 수는 1학년이 가장 많다.

   ④ 배낭여행을 계획한 대학생은 2학년 때 수가 감소하였다가 3학년 때 증가하였다.
① 자격증취득을 계획한 대학생은 3학년이 85명으로 가장 많다.
② 아르바이트를 계획한 대학생은 2학년이 25명으로 가장 적다.
③ 1학년 중 자격증취득을 계획한 수는 72명이고, 배낭여행을 계획한 수는 54명이다.
⑤ 설문에 응답한 학생 수는 3학년 137명, 2학년 109명, 1학년 162명이다.

2 다음은 연도별 정보통신기기의 생산규모에 관한 자료이다. 다음 중 옳지 않은 것은?

(단위 : 조 원)

구분 \ 연도		2005	2006	2007	2008	2009	2010
정보 통신 기기	통신기기	43.4	43.3	47.4	61.2	59.7	58.2
	정보기기	14.5	13.1	10.1	9.8	8.6	9.9
	음향기기	14.2	15.3	13.6	14.3	13.7	15.4
	전자부품	85.1	95.0	103.6	109.0	122.4	174.4
	응용기기	27.7	29.2	29.9	32.2	31.0	37.8
	소계	184.9	195.9	204.6	226.5	235.4	295.7

① 정보통신기기 생산규모 추이는 일정하다.
② 응용기기의 생산규모는 2007년 이후 매년 증가하였다.
③ 전자부품의 생산규모는 매년 증가하였다.
④ 매년 음향기기의 생산규모 증감폭은 2조 원을 넘지 않는다.
⑤ 정보기기의 생산규모가 가장 적은 시기는 2009년이다.

(Tip) ② 응용기기의 생산규모는 2009년에 감소하였다.

3 다음은 A고등학교의 교육 방법과 학생 참여에 관한 자료이다. 이에 대한 설명으로 옳지 않은 것은?

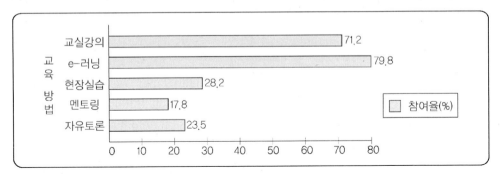

① A고등학교의 교실강의는 e-러닝보다 참여율이 높다.
② A고등학교의 현장실습은 멘토링보다 참여율이 높다.
③ A고등학교의 교육 방법 중 참여율이 가장 높은 것은 e-러닝이다.
④ A고등학교의 교육 방법 중 참여율이 가장 낮은 것은 멘토링이다.
⑤ A고등학교의 교육 방법 중 참여율이 가장 높은 것과 낮은 것의 차이는 60% 이상 이다.

 ① A고등학교의 교실강의는 e-러닝보다 참여율이 낮다.
② A고등학교의 현장실습의 참여율은 28.2%, 멘토링의 참여율은 17.8%이다.
③ A고등학교의 교육 방법 중 참여율이 가장 높은 것은 e-러닝으로 79.8%이다.
④ A고등학교의 교육 방법 중 참여율이 가장 낮은 것은 멘토링으로 17.8%이다.
⑤ A고등학교의 교육 방법 중 참여율이 가장 높은 것과 낮은 것의 차이는 62%이다.

4 다음은 지역별 데이터 요금제 가입자 추이에 관한 자료이다. 이에 대한 해석으로 옳은 것을 〈보기〉에서 모두 고르면?

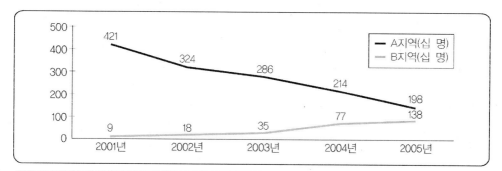

〈보기〉
㉠ B지역의 데이터 요금제 가입자 수는 매년 증가하고 있다.
㉡ 두 지역의 데이터 요금제 가입자 수의 차이는 매년 점점 커지고 있다.
㉢ 2005년에 B지역의 데이터 요금제 가입자는 A지역의 가입자보다 많다.
㉣ 두 지역의 데이터 가입자 수의 변화 추이는 일치하고 있다.

① ㉠   ② ㉡㉢
③ ㉢㉣   ④ ㉠㉡㉢
⑤ ㉡㉢㉣

 ㉡ 두 지역의 데이터 요금제 가입자 수의 차이는 점점 작아지고 있다.
㉢ 2005년에 B지역의 데이터 요금제 가입자는 A지역의 가입자보다 적다.
㉣ A지역의 가입자 수는 매년 감소하고 있는 반면, B는 매년 증가하고 있다.

5 다음은 연도별 지진 발생에 관한 자료이다. 이에 대한 설명으로 옳지 않은 것은?

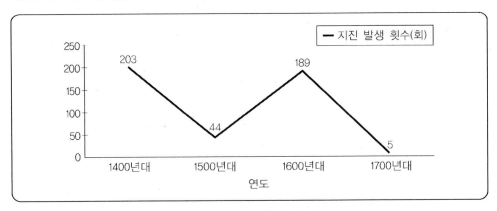

① 지진 발생 횟수가 가장 많은 연도는 1400년대이다.

② 지진 발생 횟수가 가장 적은 연도는 1700년대이다.

③ 1400년대 대비 1500년대의 지진 발생 횟수는 4배 이상 감소하였다.

④ 1500년대 대비 1600년대의 지진 발생 횟수는 145회 증가하였다.

⑤ 1400년대~1500년대의 지진 발생 동향은 1500년대~1600년대와 동일하다.

⑤ 1400년대~1500년대의 지진 발생은 감소하는 추세이고, 1500년대~1600년대의 지진 발생은 증가하는 추세이다.

① 지진 발생 횟수가 가장 많은 연도는 1400년대로 203회 발생하였다.

② 지진 발생 횟수가 가장 적은 연도는 1700년대로 5회 발생하였다.

③ 1400년대 대비 1500년대의 지진 발생 횟수는 약 4.6배 감소하였다.

④ 1500년대 대비 1600년대의 지진 발생 횟수는 145회 증가하였다.

6 다음 자료는 통계청에서 조사한 인구 주택 총 조사의 일부 자료로 베이비붐 세대를 기점으로 남녀 교육 정도를 나타낸 도표라고 할 때, 보기 내용 중 옳은 것은?

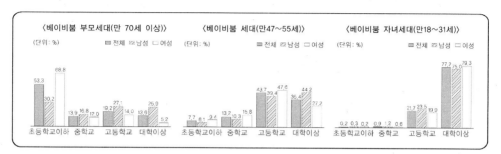

① 베이비붐 부모세대의 경우, 교육 정도가 높을수록 여성에 비해 남성의 비중이 높아진다.

② 중학교의 경우, 베이비붐 세대의 인구가 가장 많다.

③ 베이비붐 부모세대의 초등학교 이하의 교육에서는 여성의 비중이 남성을 앞지른다.

④ 베이비붐 세대는 과반수 이상이 고등학교 이상의 교육을 이수하였다.

⑤ 베이비붐 자녀세대는 대학 이상의 교육을 70% 이상이 받고 있고, 비중은 여성이 더욱 우세하다.

Tip ①②③⑤ 주어진 자료로는 알 수 없다.

Answer⟶ 5.⑤ 6.④

7 다음 표는 한국의 농가와 비농가의 소득에 관한 자료이다. 이를 바탕으로 만든 관련 그래프로 옳지 않은 것을 고르면?

[표1] 원천별 가구당 농가소득

(단위 : 백 달러)

연도	농가소득(A+B)	농업소득(A)	농업 외 소득(B)
1971	106	41	65
1981	244	64	180
1991	572	122	450
2001	881	163	718

[표2] 농가와 비농가의 소득

(단위 : 백 달러)

연도	가구당 소득		1인당 소득	
	농가	비농가	농가	비농가
1971	106	210	17	30
1981	244	319	44	70
1991	572	737	124	181
2001	881	1136	224	321

① 연도별 농업소득과 농업 외 소득

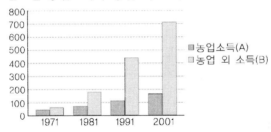

② 연도별 농가와 비농가의 1인당 소득

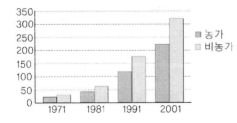

③ 연도별 농가와 비농가의 가구당 소득

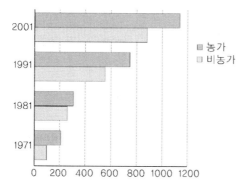

④ 연도별 농가소득

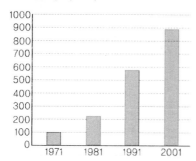

⑤ 2001년 농업소득과 농업 외 소득 비교

(Tip) ⑤ 농업소득(A)과 농업 외 소득(B)의 위치가 바뀌었다.

Answer⤷ 7.⑤

8 다음은 지역별 어음부도율과 지역·업종별 부도 법인 수를 나타낸 것이다. 다음 표를 분석한 내용으로 옳은 것은?

[표1] 지역별 어음부도율

(전자결제 조정 후, 단위 : %)

구분	2012년			
	1월	2월	3월	4월
전국	0.02	0.02	0.02	0.01
서울	0.01	0.01	0.01	0.01
지방	0.05	0.03	0.06	0.03

[표2] 지역·업종별 부도 법인 수

(단위 : 개)

구분	2012년			
	1월	2월	3월	4월
제조업	43	34	37	37
건설업	26	36	27	11
서비스업	48	54	36	39
기타	13	4	3	7
소계	130	128	103	94

※ 기타는 농림어업, 광업, 전기·가스·수도 등

> ㉠ 지방의 경기가 서울의 경기보다 더 빠르게 회복세를 보인다.
> ㉡ 제조업이 부도업체 전체에 차지하는 비율이 1월보다 4월이 높다.
> ㉢ 어음부도율이 낮아지는 현상은 국내 경기가 전월보다 회복세를 보이고 있다는 것으로 볼 수 있다.

① ㉠
② ㉠, ㉡
③ ㉠, ㉢
④ ㉡, ㉢
⑤ ㉠, ㉡, ㉢

 ㉠ 서울의 어음부도율은 차이가 없지만, 지방은 2월과 4월에 회복세를 보였다.

㉡ 1월 : $\frac{43}{130} \times 100 ≒ 33$(%). 4월 : $\frac{37}{94} \times 100 ≒ 39$

㉢ 어음부도율이 낮아지는 것은 국내경기가 전월보다 회복세를 보이고 있다는 것으로 볼 수 있다.

9 다음 표는 세계반도체 사업체의 세계시장 점유율 추이를 나타낸 것이다. A사의 점유율 증가율이 가장 큰 해는 언제인가?

구분	2012년	2013년	2014년	2015년	2016년
A사	5.8	6.1	6.5	7.2	7.9
B사	4.0	3.9	3.8	3.7	3.5
C사	3.0	3.3	2.9	2.7	2.6

① 2013년   ② 2014년

③ 2015년   ④ 2016년

⑤ 알 수 없다.

 ③ 2015년과 2016년의 증가폭은 둘 다 0.7%p로 같지만, 증가율은 같은 증가폭일 경우 전년도 자료값이 적은 것이 크므로 증가율이 큰 해는 2015년이다.

10 다음 표는 우리나라 부패인식지수(CPI)연도별 변동 추이에 대한 표이다. 다음 중 옳지 않은 것은?

구분		2004	2005	2006	2007	2008	2009	2010
CPI	점수	4.5	5.0	5.1	5.1	5.6	5.5	5.4
	조사대상국	146	159	163	180	180	180	178
	순위	47	40	42	43	40	39	39
	백분율	32.3	25.2	25.8	23.9	22.2	21.6	21.9
OECD	회원국	30	30	30	30	30	30	30
	순위	24	22	23	25	22	22	22

※ 0~10점 : 점수가 높을수록 청렴

① CPI를 확인해 볼 때, 우리나라는 다른 해에 비해 2008년도에 가장 청렴하다고 볼 수 있다.

② CPI 순위는 2009년에 처음으로 30위권에 진입했다.

③ 청렴도가 가장 낮은 해와 2010년도의 청렴도 점수의 차이는 0.9점이다.

④ OECD 순위는 2004년부터 현재까지 상위권이라 볼 수 있다.

⑤ 우리나라의 평균 CPI 점수는 5.2점 이하이다.

 ④ OECD 순위는 2004년부터 현재까지 하위권이라 볼 수 있다.

Answer → 8.⑤   9.③   10.④

11 다음은 공급원별 골재채취 현황(구성비)에 대한 표이다. 이에 대한 해석으로 옳지 않은 것은?

구분	2005	2006	2007	2008	2009	2010
하천골재	16.6	19.8	21.3	14.8	17.0	9.9
바다골재	25.7	20.1	17.6	25.6	25.0	31.1
산림골재	48.8	53.1	54.5	52.5	52.0	53.4
육상골재	8.9	7.0	6.6	7.1	6.0	5.6
합계	100.0	100.0	100.0	100.0	100.0	100.0

① 하천골재가 차지하는 비중은 2007년에 가장 높고, 2010년에 가장 낮다.

② 다른 골재에 비해 산림골재가 차지하는 비중이 가장 높다.

③ 2007년 산림골재가 차지하는 비중은 2005년 육상골재가 차지하는 비중의 8배 이상이다.

④ 2009년과 비교했을 때, 바다골재는 2010년에 차지하는 비중이 6.1% 증가했다.

⑤ 2009년에 하천골재의 비중은 육상골재의 비중의 2배 이상이다.

 ③ 2007년 산림골재가 차지하는 비중은 54.5%이고, 2005년 육상골재가 차지하는 비중은 8.9%로 8배 이하이다.

산업혁명 이후 석유, 석탄과 같은 천연자원은 우리 생활에 있어서 없어서는 안 될 중요한 자원으로 자리 잡았다. 하지만 이러한 천연자원은 그 양이 한정되어 있어 석유와 석탄 모두 지금으로부터 100년 안에는 고갈될 것이다. 그래서 많은 국가와 과학자들은 새로운 천연자원을 발굴하는데 힘을 쏟기 시작했고 몇 년 전부터 C-123이라는 광물이 새로운 자원으로써 관심을 끌기 시작했다. 이 광물은 지구를 구성하는 기본 물질 중 하나로 지구가 탄생하기 시작한 약 45억 년 전부터 형성된 것으로 밝혀졌고 그 양은 현재 석유의 약 수십만 배, 석탄의 수백만 배인 것으로 추정된다. 또한 이 광물은 같은 양으로 석유의 약 10배의 에너지를 낼 수 있고 사용 시 석유나 석탄과 같은 화학작용을 일으키지 않아 태양 에너지와 함께 차세대 대체 에너지로 각광을 받고 있다.

12 다음 표는 석유와 석탄, C-123 광물과 태양 에너지를 비교한 표이다. 다음 중 옳지 않은 것은?

	석유	석탄	C-123	태양 에너지
향후 매장량	30년	70년	수만 년	무한정
환경 오염도	80%	90%	1%	0.001%
에너지 효율도 (석유 기준)	1	석유의 $\frac{1}{2}$배	석유의 10배	석유의 100배

① 석탄은 환경 오염도에서 비록 석유보다 못하지만 향후 매장량이 높기 때문에 제2의 대체 에너지로서의 가치가 충분히 있다.
② 가장 좋은 것은 태양 에너지를 사용하는 것이지만 향후 매장량이나 환경 오염도, 에너지 효율면에서 C-123도 좋은 대체 에너지 후보로 거론될 수 있다.
③ C-123광물은 다른 천연자원에 비해 환경 오염도가 낮기 때문에 이를 이용할 경우 경제적 이익과 함께 환경적인 이익도 볼 수 있을 것이다.
④ C-123광물의 향후 매장량이 비록 수만 년이지만 에너지 효율도를 감안한다면 향후 약 수십 만년은 충분히 사용할 수 있을 것이다.
⑤ 석유를 대체할 에너지로 가장 좋은 것은 태양에너지이며, 가장 나쁜 것은 석탄이다.

 ① 향후 매장량에 상관없이 석탄은 환경 오염도와 에너지 효율면에서 석유보다도 못하기 때문에 제2의 대체 에너지로서 가치가 없다.

13 다음 표는 각 나라별 C-123 광물의 매장량과 그 비중을 나타낸 표이다. 다음 중 가장 옳지 않은 것은?

	북극	남극	러시아	알래스카
매장량	3500만 톤	8700만 톤	1300만 톤	650만 톤
비중	25%	60%	10%	5%

① 남극과 북극에 거의 대부분이 매장되어 있는 만큼 여러 나라가 힘을 합쳐 채굴을 해야 한다.

② 현재 남극은 연구 목적으로만 개방되어 있기 때문에 비록 C-123 광물의 매장량이 많다고 하더라도 쉽게 채굴하기는 어려울 것이다.

③ 앞으로 C-123 광물로 인해 아프리카 대륙의 급속한 발달이 예상된다.

④ C-123 광물이 차세대 대체 에너지로 각광을 받고 있는 이상 극지방에 대한 각 나라별 영향력 행사가 불가피할 전망이다.

⑤ C-123의 매장량은 남극, 북극, 러시아, 알래스카 순이다.

> **Tip** C-123 광물은 주로 극지방과 러시아, 알래스카에 분포해 있기 때문에 아프리카 대륙의 급속한 발달과는 상관이 없다.

┃ 다음 지문을 읽고 물음에 답하시오.

삼국유사에 처음 실린 단군신화를 보면 처음에 하늘나라 임금인 환인의 아들 환웅이 인간세상을 보며 내려가 다스리기를 원하자 환인이 허락하였다. 환웅은 천부인 세 개와 풍백, 우사, 운사 세 명의 대신 외 3000명의 신하를 이끌고 태백산 신단수에 내려와 곰과 호랑이에게 쑥과 마늘을 주고 각각 100일 동안 동굴 안에서 빛을 보지 않으면 사람이 된다고 했다. 곰은 참을성이 많아 삼칠일(三七日)을 견뎌 여자가 되었지만 호랑이는 그만 참지 못하고 동굴 밖을 뛰쳐나가 사람이 되지 못했다. 여자가 된 곰은 날마다 신단수 아래에서 아이를 갖게 해달라고 빌었고 이를 본 환웅이 곰에게 웅녀라는 이름을 주고 결혼하여 아기를 낳았다. 이 아기가 바로 단군왕검이다. 단군왕검은 곧 평양에 도읍하여 국호를 조선이라 부르고 뒤에 아사달로 천도하여 1500년간 나라를 다스렸다.

14 다음은 청동기 시대의 특징과 유물·유적들이다. 위 제시문을 참고하여 옳지 않은 것은?

> [특징]
> • 돌괭이로 땅을 갈고 반달 돌칼로 추수를 하며 민무늬 토기를 사용함.
> • 농사짓기에 적합한 평야나 하천 주변에 작은 마을을 이루고 삶.
> • 다른 부족의 침입을 막기 위해 울타리를 두름.
> • 땅을 약간 파고 거기에 기둥을 세우고 지붕을 얹은 움집에서 생활함.
> • 마을 안에서 가축을 길렀음.
> • 평등했던 사람들이 지배하는 사람과 지배를 받는 사람으로 나뉘게 됨.
> • 고인돌은 지배자의 무덤으로 지배자의 강력한 힘을 나타내고 그러한 힘은 나라를 탄생시키는 밑거름이 됨.
> • 지배자 한 사람이 제사와 정치를 모두 관장하는 제정일치 사회였음.
>
> [유물·유적]
> • 민무늬 토기
> • 고인돌, 돌널무덤, 돌무지무덤, 독널무덤
> • 비파형 동검, 세형 동검
> • 마제석검, 반달돌칼, 돌도끼
> • 반구대 암각화

① 단군신화에 나오는 풍백, 우사, 운사를 통해 당시 사회가 농경사회였을 것이다.
② 곰은 사람이 되고 호랑이는 사람이 되지 못한 부분을 통해서 당시 곰 부족과 호랑이 부족의 세력다툼 결과 곰 부족이 이겨 지배계급이 되었을 것이다.
③ 단군신화에 나오는 단군왕검이라는 말을 통해 단군왕검은 제사와 정치를 모두 관장하는 지배자였을 것이다.
④ 단군이 고조선이라는 완전한 나라를 세운 것으로 보아 당시 고조선은 중앙집권국가였을 것이다.
⑤ 고인돌이 발견되는 것으로 보아 고조선은 계급사회였을 것이다.

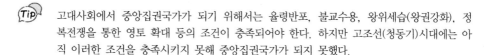

(Tip) 고대사회에서 중앙집권국가가 되기 위해서는 율령반포, 불교수용, 왕위세습(왕권강화), 정복전쟁을 통한 영토 확대 등의 조건이 충족되어야 한다. 하지만 고조선(청동기)시대에는 아직 이러한 조건을 충족시키지 못해 중앙집권국가가 되지 못했다.

Answer ┌→ 13.③ 14.④

다음 지문을 읽고 물음에 답하시오.

> 인터넷은 처음에 군사 목적으로 미국에서 개발하였다. 하지만 냉전 시대가 끝나고 많은 사람들이 동시에 사용할 수 있다는 장점으로 인해 현재는 군사 목적보다도 다양한 커뮤니케이션의 목적으로 사용되고 있다. 특히 채팅이나 메일 등을 통해 멀리 있는 사람들에게도 앉아서 바로바로 소식을 묻거나 대화를 할 수 있고 심지어는 다수의 사람들이 하나의 채팅방에서 글을 올리며 대화를 할 수 있다. 인터넷은 기본적으로 익명으로 사용되다 보니 자연히 범죄에도 이용되기 일쑤고 무책임한 발언을 남발하는 경우도 있다. 또한 일반 사람들은 알기 힘든 외계어나 줄임말 등으로 인해 오히려 현실 세계에서 사람들간 의사소통의 단절을 가져올 수 있다. 따라서 앞으로는 인터넷을 사용하기에 앞서 기본적인 예절을 지키는 연습부터 해야 할 것이다.

15 다음은 현재 인터넷 상에서 사용되고 있는 인터넷 언어와 최근 10년간 악플로 인한 자살률을 나타낸 표이다. 다음 중 가장 옳지 않은 것은?

〈청소년들이 사용하는 인터넷 채팅 언어〉

단순 줄임형		음절 축약형		은어형 약어	
약어	의미	약어	의미	약어	의미
눈팅	눈으로 하는 채팅	안냐세요	안녕하세요	등생	우등생
점모	점심시간의 모임	설녀	서울 여자	직딩	직장인
비방	비밀 대화방	어솨요	어서 와요	당근	당연하다
몰팅	몰래하는 채팅	근데	그런데	번개	off-line 깜짝 만남
즐팅	즐거운 채팅	글쿤요	그렇군요	노딩	나이 많은 사람

〈최근 10년간 인터넷 악플로 인한 자살률〉

2004	2006	2008	2010	2012	2014
18%	21%	25%	28%	32%	35%

① 위에 나와 있는 인터넷 채팅 언어들로 인해 세대 간의 의사소통 단절은 더욱 심화될 것이다.
② 청소년들의 이러한 채팅 언어는 최근 불거지고 있는 학교폭력과 관련하여 심각한 사회문제를 야기하고 있다.
③ 청소년들의 인터넷 채팅 언어는 일종의 유행이므로 어느 정도 시간이 지날 경우 자연히 없어질 것이기 때문에 크게 신경 쓰지 않아도 된다.
④ 인터넷 채팅 언어가 사회적 문제로 번지는 것을 막기 위해서는 언어순화 정책을 시행하고 학교 및 가정에서부터 올바른 언어생활 습관을 기르도록 지도해야 한다.
⑤ 인터넷 악플로 인한 자살률을 감소시키기 위한 노력이 필요하다.

언어는 사용하는 집단이 누구이고 얼마나 자주 사용하느냐에 따라 사회적으로 굳어질 수도 있으므로 많은 관심을 기울여야 한다. 다만 청소년들이 사용하는 언어 중에는 그들만의 개성을 나타낸 말들도 있으므로 국가 기관에서 체계적인 언어정책을 이끌어야 할 것이다. 참고로 국립 국어원 자료실에서는 기본적인 어문규정 외에 우리가 잘못 쓰고 있는 표현이나 다양한 어휘·용어에 대한 정보가 실려 있다.

16 다음 중 추론이 옳은 것을 고르면?

① 모든 자몽은 캘리포니아 자몽이 아니다. 모든 미국의 자몽은 캘리포니아 자몽이 아니다. 모든 미국의 자몽은 자몽이 아닐 것이다.

② 어떤 회사원은 지각을 한다. 나는 회사원이다. 나는 지각중이다.

③ 비행기가 연착하면 컴플레인이 생긴다. 비행기가 연착하지 않았다. 그러므로 컴플레인이 생기지 않는다.

④ 음식을 골고루 먹으면 건강해진다. 운동선수는 골고루 먹는다. 그러므로 운동선수는 건강할 것이다.

⑤ 만일 당신이 제주도에 있다면, 당신은 국내에 있다. 당신은 제주도에 있지 않다. 그러므로 당신은 국내에 있지 않다.

① 소개념과 대개념이 일치하는 양전제 부정의 오류로서 두 전제가 모두 부정되어 결론을 내릴 수 없다.
② 매개념인 회사원이 한 번도 주연되어 있지 않기 때문에 매개념 부주연의 오류에 해당한다. '나가 어떤 회사원 중에 포함되지 않을 수도 있기 때문이다. 따라서 모든 회사원과 같이 최대 외연의 개념으로 바꾸면 모든 회사원 중에는 '나'도 당연히 포함될 수 있기 때문에 타당한 추론이 될 수 있다.
③ 전건 부정의 오류로서 컴플레인이 발생하는 원인은 비행기가 연착하는 것 이외에도 가능하기 때문에 올바른 추론이 되지 않는다.
⑤ 전건 부정의 오류도 제주도에 있지 않아도 국내에 있을 수 있으므로 올바른 추론이 되지 않는다.

Answer → 15.③ 16.④

| 다음 지문을 읽고 물음에 답하시오.

> 2000년대 들어서 핸드폰의 급속한 발달로 인해 전 세계 핸드폰 시장은 20년 전에 비해 약 80% 이상의 성장률을 이루었다. 그 중에서도 특히 차세대 강국으로 부상하고 있는 중국과 경제 신흥국으로 발돋움하고 있는 동남아시아 및 중·남미 대륙은 새로운 핸드폰 시장이 될 것으로 전망된다. 각 기업의 시장 조사결과에 따르면 중국은 지난 2003년부터 핸드폰 수요가 급증하더니 최근 5년 사이에 전 세계 핸드폰 수요의 약 43%를 차지하였고 향후 20년 동안 이러한 추세가 지속될 것으로 전망되고 있다. 또한 동남아시아와 중·남미의 여러 국가들도 각각 전 세계의 20%, 15%의 핸드폰 수요를 차지하면서 여러 기업의 차세대 시장이 될 것으로 예상된다.

17 다음 표는 중국, 말레이시아, 인도, 멕시코, 브라질의 인구, 경제성장률, 1인당 GDP, 국가 GDP를 나타낸 표이다. 다음 보기 중 가장 옳지 않은 것은?

	중국	말레이시아	인도	멕시코	브라질
인구 수	13억 5천만 명	9천만 명	12억 명	1억 1천 6백만 명	2억 2백만 명
경제 성장률	8%	5%	6%	6%	7%
1인당 GDP	6500$	1만 500$	4800$	1만 1천$	1만 1천$
국가 GDP	8조 9000억$ (세계 2위)	3000억$ (세계 35위)	1조 7000억$ (세계 11위)	1조 3000억$ (세계 14위)	2조 2000억$ (세계 7위)

① 중국, 동남아시아, 중·남미 지역의 높은 인구 수 또한 핸드폰 수요 급증의 한 이유라 할 수 있다.

② 위 표에 나와 있는 국가들은 비록 아직까지 다른 선진국에 비해 1인당 GDP는 낮지만 경제 성장률을 감안한다면 향후 새로운 시장으로서의 충분한 가치가 있다고 할 수 있다.

③ 국가 GDP나 인구 수, 경제 성장률을 전반적으로 봤을 때 위에 제시된 나라들은 핸드폰 뿐만이 아니라 다른 분야에서도 새로운 시장이 될 가능성을 충분히 갖고 있다.

④ 위 표에 나와 있는 국가들 중 중국은 국가 GDP가 세계 2위로 가장 발전 가능성이 높은 나라이다.

⑤ 비록 위에 제시된 나라들이 경제 성장률이나 국가 GDP측면에서 큰 가능성으로 보이고 있지만 아직 사회 치안이 불안하기 때문에 기업들은 당장 큰 이익을 볼 수는 없을 것이다.

(Tip) 위 표에서는 각 나라의 사회 치안이 얼마나 불안한지를 정확히 알 수 없다.

▌다음 지문을 읽고 물음에 답하시오.

지난 100년 동안 패션 산업은 전 세계적으로 커다란 성장을 보여 왔다. 특히 아름다운 무늬를 가지고 있는 동물들의 천연 모피 시장은 전체 패션 산업의 약 52%를 차지한다. 하지만 인간들의 이러한 욕심으로 인해 매년 수많은 동물들이 멸종 위기에 처하며 아무런 이유도 없이 학살을 당하고 있다. 대표적인 예로 호랑이나, 표범, 치타와 같은 동물들은 불과 지난 50년 사이에 수 십만 마리에서 수 만 마리로 개체 수가 줄어들었고 지금은 사람들의 보호를 받고 있는 상황이다. 과거 사람들이 이들 맹수를 사냥한 이유는 이들이 사람들에게 위협적인 존재였기 때문이다. 하지만 현재 이 동물들은 더 이상 사람들에게 위협적인 존재가 아니다. 오히려 이제는 사람들이 이들의 아름다운 가죽을 얻기 위해 무차별적으로 사냥을 하는 것이다.

18 다음은 지난 50년 동안 사냥된 동물들의 현 개체 수와 사냥 원인을 나타낸 표이다. 다음 중 가장 옳지 않은 것은?

	호랑이	표범	치타	사자
지난 50년간 사라진 개체 수	4만 5천 마리 →3천 마리	70만 마리 →5 만 마리	5만 마리 →1만 2천 마리	45만 마리 →2만 마리
사냥 이유	옷, 약재, 박제	옷, 약재, 박제	옷, 고기, 박제	옷, 고기, 박제

① 비록 몇 마리 남지 않았지만 위 동물들은 최상위 포식자로서 여전히 사람들에게 위협적인 존재이므로 사냥을 하는 것은 옳은 행동이다.

② 현 추세로 간다면 머지않아 10년 안에 위 동물들은 모두 멸종하고 말 것이다.

③ 사람들이 위 동물들을 사냥하는 이유는 단순히 가죽을 얻기 위해서만이 아니라 약이나 음식으로 사용하려는 이유도 있다.

④ 호랑이, 표범, 치타가 아름다운 무늬 때문에 사냥되는 것이라면 사자는 풍성한 갈기 때문에 사냥되는 것이다.

⑤ 위 동물들 중에서 가장 급격하게 개체 수가 감소한 것은 표범이다.

(Tip) 현재 위 동물들은 사람들의 무차별적인 사냥으로 인해 오히려 사람들에게 보호를 받고 있으며 간혹 사람들을 해치는 경우가 있기는 하지만 그렇다고 사냥을 하는 것이 옳은 행동은 아니다. 맹수들이 사람들을 해칠 경우 인구 밀집지역과 멀리 떨어진 지역으로 격리시켜 보호 관찰하는 것이 하나의 방법이 될 것이다.

Answer♪ 17.⑤ 18.①

┃ 다음 지문을 읽고 물음에 답하시오.

산업화가 한창 진행되던 7,80년대에 우리나라의 많은 인구가 지방에서 도시로 올라와 농촌 인구가 큰 폭으로 감소하였다. 이러한 현상은 당시 산업화로 서울, 부산, 울산 등을 비롯한 도시들에 일자리가 많이 생기고 임금 또한 농사를 지어 얻는 것보다 훨씬 많은 양을 받았기 때문이다. 그리고 이는 지금까지도 계속 이어지고 있다. 이러한 농촌인구의 도시유입은 자연히 도시 인구는 계속 늘어나는 반면 농촌은 수확량이 줄어들어 기존에 남아있던 농민들조차 농촌을 떠나는 악영향을 낳았고 이것은 앞으로 농촌의 일손 부족으로 인해 우리나라 농업 산업의 붕괴를 가져올 것으로 예상된다.

19 다음 표는 도시와 농촌의 한 해 평균 수입 및 일자리 수와 지난 30년간 우리 국민들의 최종학력 변화를 나타낸 표이다. 가장 옳지 않은 것은?

〈도시와 농촌의 한 해 평균 수입 및 일자리 수〉

	농촌	도시
한 해 벌어들이는 평균 수입	약 1500~2000만 원	3000~4000만 원
한 해 평균 생기는 일자리 수	약 2천~3천 개	20만~30만 개

〈지난 30년간 우리 국민들의 최종학력 변화〉

	1980년	1990년	2000년	2010년
초졸	55%	5%	–	–
중졸	25%	15%	5%	–
고졸	15%	30%	20%	10%
대졸	5%	50%	75%	90%

① 우리 국민 대다수가 고등교육을 받고 있는 현상 또한 농촌 인구의 도시유입의 원인 중 하나라 할 수 있다.
② 현대 사회는 기술이 나날이 발전하는 사회이므로 농업 산업의 붕괴는 큰 위협이 되지 않는다.
③ 농촌을 다시 살리기 위해서는 혁신적인 농업 기술의 보급과 다양한 농업 정책 및 귀농, 귀촌자들에 대한 혜택이 마련되어야 한다.
④ 새로운 품종 개량과 각 지역별로 특화된 농산품을 개발한다면 농업 산업의 붕괴를 막을 수 있을 것이다.
⑤ 농촌을 살리기 위한 일자리 창출 방안과 농작물 특화 방안을 마련해야 한다.

20 다음은 연도별 농가 판매가격 및 농가 구입가격 지수에 관한 자료이다. 이를 본 학생들의 평가로 옳지 않은 것은?

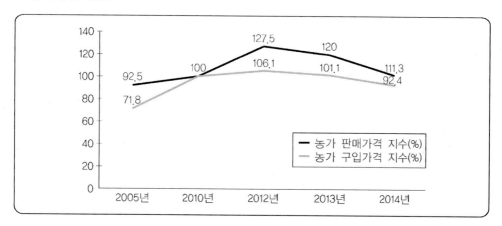

① 영진 : 농가 구입가격 지수는 2012년까지 증가를 보였어.

② 세영 : 두 지수의 차이가 가장 컸던 시기는 2012년도구나.

③ 원영 : 두 지수는 2012년 이후 매년 감소했어.

④ 진수 : 2005년 이후 2010년까지 농가 판매가격 지수는 증가하고 있어.

⑤ 우성 : 2010년에 농가 판매가격 지수는 농가 구입가격 지수보다 높아.

Tip ⑤ 2010년에 농가 판매가격 지수와 농가 구입가격 지수는 동일하다.

21 다음은 학력별 임금 격차와 교육투자 수익률에 관한 표이다. 이에 대한 옳은 설명을 모두 고른 것은?

〈표1〉 학력별 임금 격차

(단위 : %)

구분	학력별 임금지수(%)			
	중학교 이하	고등학교	전문대학	대학
1998	78	100	106	147
2003	67	100	111	158

※ 상대적 임금지수는 고등학교 졸업자 평균 임금을 기준(=100)으로 한다.

〈표2〉 교육투자 수익률

(단위 : 수익률(r))

구분	중학교	고등학교	전문대학	대학	대학원
고숙련 사무직	−4.34	2.28	6.75	11.18	15.71
저숙련 사무직	3.74	5.77	7.11	8.85	10.56
고숙련 생산직	2.21	3.89	5.20	6.75	9.16
저숙련 생산직	8.61	6.15	4.84	3.32	2.29

㉠ 1998, 2003년 모두 학력별 임금은 고졸자 임금을 100으로 볼 때 학력이 높을수록 임금이 높은 경향을 보인다.
㉡ 학력별 상대적 임금 격차는 심화되었다.
㉢ 고학력에 대한 교육투자 수익률이 높아 대학 이상 학력에 대한 교육투자가 당분간 지속될 것이다.
㉣ 고졸 이하는 숙련도와 상관없이 사무직보다 생산직에서 비교적 투자 수익률이 높게 나타난다.

① ㉠, ㉡
② ㉡, ㉢
③ ㉠, ㉡, ㉢
④ ㉠, ㉢, ㉣
⑤ ㉢, ㉣

 ㉣ 고졸 이하는 저숙련 사무직과 저숙련 생산직에서 비교적 투자 수익률이 높게 나타난다.

22 다음 표는 4개의 고등학교의 대학진학 희망자의 학과별 비율(상단)과 그 중 희망한대로 진학한 학생의 비율(하단)을 나타낸 것이다. 이 표를 보고 추론한 내용으로 올바른 것은?

고등학교	국문학과	경제학과	법학과	기타	진학 희망자수
A	(60%) 20%	(10%) 10%	(20%) 30%	(10%) 40%	700명
B	(50%) 10%	(20%) 30%	(40%) 30%	(20%) 30%	500명
C	(20%) 35%	(50%) 40%	(40%) 15%	(60%) 10%	300명
D	(5%) 30%	(25%) 25%	(80%) 20%	(30%) 25%	400명

⊙ B와 C고등학교 중에서 국문학과에 합격한 학생은 B고등학교가 더 많다.

ⓛ 법학과에 합격한 학생수는 A고등학교에서는 40명보다 많고, C고등학교에서는 20명보다 적다.

ⓒ D고등학교에서 합격자수가 가장 많은 과는 법학과이고, 가장 적은 과는 국문학과이다.

① ⊙

② ⓛ

③ ⊙, ⓒ

④ ⓛ, ⓒ

⑤ ⊙, ⓛ, ⓒ

(Tip) ⊙ B고등학교 국문학과 합격생 : $500 \times 0.5 \times 0.1 = 25$(명)
C고등학교 국문학과 합격생 : $300 \times 0.2 \times 0.35 = 21$(명)
ⓛ A고등학교 법학과 합격생 : $700 \times 0.2 \times 0.3 = 42$(명)
C고등학교 법학과 합격생 : $300 \times 0.4 \times 0.15 = 18$(명)
ⓒ 국문학과 : $400 \times 0.05 \times 0.3 = 6$(명)
경제학과 : $400 \times 0.25 \times 0.25 = 25$(명)
법학과 : $400 \times 0.8 \times 0.2 = 64$(명)
기타 : $400 \times 0.3 \times 0.25 = 30$(명)

Answer ↪ 21.③ 22.⑤

┃ 23~24 ┃ 다음은 한국의 세계유산 현황과 세계유산 국제비교를 나타내는 표이다. 물음에 답하시오.

〈표1〉 한국의 세계유산 현황

구분	1999	2000	2001	2002	2003	2004	2005	2006	2007	2008
(가)	2	2	4	4	4	4	4	4	6	6
(나)	–	–	1	1	2	2	3	3	3	3
(다)	5	7	7	7	7	7	7	7	8	8
계	7	9	12	12	13	13	14	14	17	17

〈표2〉 세계유산 국제비교

구분	한국	미국	일본	독일	프랑스	이탈리아	영국	세계평균
세계유산	8	20	14	32	33	43	27	6.0
기록유산	6	2	0	10	6	2	2	2.3
무형유산	3	0	3	0	1	2	0	1.5

23 다음은 A시의 산업체 기초통계량을 나타낸 것이다. 이를 바탕으로 만든 관련 그래프로 옳지 않은 것을 고르면?

구분	산업체(계)	종사자(명)	남(명)	여(명)
농업	200	400	250	150
어업	50	100	65	35
광업	300	600	500	100
제조업	900	3,300	1,200	2,100
건설업	150	350	300	50
도매업	300	1,000	650	450
숙박업	100	250	50	200
계	2,000	6,000	3,015	3,085

① 산업체별 남녀 종사자 수

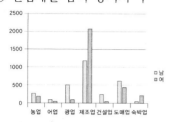

② 농업의 남녀 종사자 비율

③ 산업체별 종사자 수

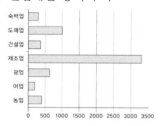

④ 산업체별 종사자수와 남자 종사자 수

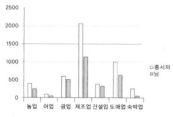

⑤ 산업체별 남자 종사자 비율

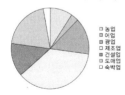

(Tip) ④ 표의 제조업 종사자의 수가 3,300명인데, 그래프에는 2,000명이 약간 넘는 것으로 표시되었다.

Answer ▸ 23.④

24 위의 자료를 보고 다음의 설명을 통해 (가), (나), (다)에 해당하는 유산을 올바르게 짝지은 것은?

> • 2008년 한국의 세계유산은 8개로 등재되어 있다.
> • 한국의 기록유산은 2002~2006까지 등재 건수가 없다.
> • 한국의 무형유산은 2001년부터 등재되어 지정 건수를 증가시키고 있다.

① (가) 세계유산, (나) 기록유산, (다) 무형유산
② (가) 기록유산, (나) 세계유산, (다) 무형유산
③ (가) 기록유산, (나) 무형유산, (다) 세계유산
④ (가) 세계유산, (나) 기록유산, (다) 무형유산
⑤ (가) 무형유산, (나) 기록유산, (다) 세계유산

> (Tip) 세계유산은 2008년에 8개이므로 (다), 기록유산은 2002~2006까지 등재 건수가 없으므로 (가), 무형유산은 2001년부터 등재되었으므로 (나)이다.

25 위 표에 대한 해석이 적절하지 않은 것은?

① 한국은 2008년 세계유산 8건, 기록유산 6건, 무형유산 3건 총 17건을 등재하고 있다.
② 한국은 기록유산과 무형유산 모두 등재 건수가 독일, 프랑스, 이탈리아, 영국보다 많다.
③ 한국의 기록유산 및 무형유산은 미국, 일본 등의 선진국보다 많다.
④ 한국의 세계유산은 일찍부터 등재를 추진한 선진국에 비해 등재 실적이 다소 떨어지지만, 세계평균보다는 높다.
⑤ 한국의 세계유산, 기록유산, 무형유산은 모두 세계평균보다 많다.

> (Tip) ② 한국의 기록유산은 독일의 기록유산보다 적다.

26 다음 자료는 우리나라 주요 업종의 영업실적 전망에 대한 것이다. 자료에 대한 설명으로 틀린 것은?

(단위 : 원, %)

구분	2004년		2005년	
	영업이익	전년대비 증가율	영업이익	전년대비 증가율
반도체	13조 327억	81.2	12조 3,929억	−4.9
통신 서비스	5조 8,173억	7.0	6조 4,496억	10.9
자동차 · 타이어	4조 1,214억	2.2	5조 361억	22.2
은행	4조 7,160억	205.9	7조 202억	53.3

㉠ 은행 부분의 영업이익은 2003년 4위, 2004년 3위, 2005년 2위를 기록하는 등 매년 크게 성장하고 있다.

㉡ 반도체 부분의 2004년 영업이익 규모는 다른 3개 부분을 합친 것보다 많을 것으로 예측된다.

㉢ 2005년 반도체 부분의 영업이익이 4개 부분 전체의 영업이익에서 차지하는 비중은 전년에 비해 줄어들 것으로 예상되지만, 여전히 가장 많은 영업이익을 낼 것으로 추정된다.

㉣ 2003년 영업이익은 통신 서비스 부분이 자동차 · 타이어 부분보다 적었다.

① ㉠, ㉡

② ㉠, ㉢

③ ㉡, ㉢

④ ㉡, ㉣

⑤ ㉢, ㉣

 ㉡ 반도체 부분의 2004년 영업이익 규모는 13조 327억 원, 다른 3개 부분을 합친 영업이익 규모는 14조 6,547억 원으로 다른 3개 부분을 합친 영업이익이 더 많다.

㉣ 2003년 영업이익은 통신 서비스 부분이 자동차 · 타이어 부분보다 많았다.

27 다음은 2005년부터 2010년까지 분야별 문화예산의 변화 추세를 나타낸 표이다. 아래 표에 대한 설명으로 맞는 것을 모두 고르면?

구분	합계	문예진흥	관광	문화산업	문화재
2005년	4,848	3,050	292	160	1,346
2006년	6,647	3,237	789	1,001	1,620
2007년	9,639	4,237	1,057	1,787	2,558
2008년	10,458	4,346	1,912	1,475	2,725
2009년	12,155	5,014	2,189	1,958	2,994
2010년	13,182	5,435	2,474	1,890	3,383

　㉠ 이 기간 동안 문화예산의 네 가지 분야 중 문화산업이 차지하는 비중은 매년 최저 수준이다.
　㉡ 이 기간 동안 예산 증가율이 가장 높았던 분야는 문화산업이다.
　㉢ 2005년부터 문화예산은 점점 증가하였으나 2010년으로 와서는 예산이 줄어들었다.
　㉣ 2010년 전체 문화예산에서 문화재 예산이 차지한 비율은 2005년에 비해 감소하였다.
　㉤ 문예진흥 예산의 경우 전체 문화예산에서 차지하는 비율은 늘 가장 높았으나 그 증가율은 가장 낮다.

① ㉠, ㉣　　　　　　　　　　　② ㉢, ㉣
③ ㉠, ㉡, ㉢　　　　　　　　　④ ㉠, ㉡, ㉣
⑤ ㉡, ㉣, ㉤

 ㉠ 2006년과 2007년에는 관광이 차지하는 비중이 최저였다.
㉢ 2005년부터 문화예산은 점점 증가하였다.

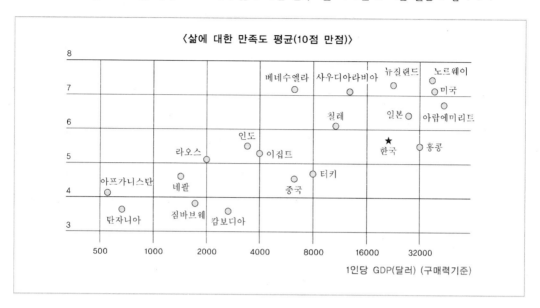

28 1인당 GDP가 3번째로 낮은 나라는 어느 나라인가?

① 네팔

② 라오스

③ 캄보디아

④ 짐바브웨

⑤ 중국

 가장 낮은 나라부터 보면 아프가니스탄, 탄자니아, 네팔, 짐바브웨, 라오스, 캄보디아 순이다.

29 칠레는 탄자니아에 비하여 1인당 GDP가 몇 배인가?

① 5배

② 10배

③ 20배

④ 30배

⑤ 40배

 대략적으로 다음과 같다.
칠레 : 12,000달러
탄자니아 : 600달러
따라서 20배 차이가 난다.

Answer ↪ 27.⑤ 28.① 29.③

30 그래프에 대한 설명으로 틀린 것은?

① 대체적으로 1인당 GDP가 높을수록 삶에 대한 만족도가 높게 나타난다.

② 삶에 대한 만족도는 1인당 GDP와 관계가 없다.

③ 중국과 베네수엘라는 1인당 GDP가 유사하지만 삶에 만족도는 크게 차이를 보이고 있다.

④ 미국과 사우디아라비아는 삶에 대한 만족도는 유사하지만 1인당 GDP는 2배 이상 차이를 보인다.

⑤ 한국의 삶에 대한 만족도는 홍콩, 인도와 비슷하다.

> **Tip** ② 1인당 GDP가 높을수록 삶에 대한 만족도가 높게 나타난다.

31 다음 자료는 어느 학생의 학생부 성적으로 일부가 지워져서 보이지 않는 상황이다. 이에 대한 설명으로 옳은 것은?

과목	원점수	평균	표준편차	z값	표준점수
국어	75		5	3	80
수학	71		4		50
영어	80	77	6	0.5	
사회	82		3	−2	30
과학	84	85			

※ 표준점수 = (원점수 − 평균)/표준편차 × 10 + 50

> ⊙ 이 학생의 원점수가 전체 평균보다 높은 과목은 국어와 영어이고, 전체 평균보다 낮은 과목은 사회, 과학, 전체 평균과 동일한 과목은 수학이다.
> ⓒ 국어의 평균과 사회의 평균을 비교하면 국어의 평균이 더 높다.
> ⓒ 다른 학생들에 비해 상대적으로 가장 잘 본 과목은 국어, 두 번째로 잘 본 과목은 영어이다.

① ㉠

② ㉡

③ ㉢

④ ㉡, ㉢

⑤ ㉠, ㉢

과목	원점수	평균	표준편차	z값	표준점수
국어	75	60	5	3	80
수학	71	71	4		50
영어	80	77	6	0.5	78
사회	82	88	3	−2	30
과학	84	85			

ⓒ 국어의 평균과 사회의 평균을 비교하면 사회의 평균이 더 높다.

32 개별 토지 가격은 표준지 가격에 도로 접면 상태 가중치와 토지용도 가중치를 곱하여 결정된다. 〈표1〉에서 제시된 ㈎~㈃의 표준지는 모두 소로한면이고 임야이며, 단위 면적 (1m²)당 가격이 10만 원이다. 이를 바탕으로 만든 관련 그래프로 옳지 않은 것을 고르면?

〈표1〉 개별 토지 특성

개별 토지	면적(1m²)	도로 접면 상태	토지용도
가	10	광대한면	주거용
나	10	중로한면	상업용
다	20	소로한면	공업용
라	20	맹지	임야

〈표2〉 도로 접면 상태 가중치

표준지 \ 개별 토지	광대한면	중로한면	소로한면	맹지
광대한면	1.0	1.0	0.8	0.6
중대한면	1.0	1.0	0.9	0.7
소로한면	1.2	1.1	1.0	0.8
맹지	1.4	1.3	1.2	1.0

〈표3〉 토지 용도 가중치

표준지 \ 개별 토지	주거용	상업용	공업용	전·답	임야
주거용	1.0	1.3	1.0	0.8	0.5
상업용	0.8	1.0	0.8	0.6	0.4
공업용	1.0	1.3	1.0	0.8	0.6
전·답	1.3	1.7	1.3	1.0	0.7
임야	1.9	2.4	1.8	1.4	1.0

① 개별 토지 가격 비교

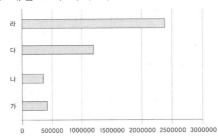

② 토지 용도 가중치

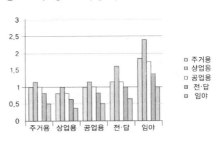

③ 개별 토지 면적 비교

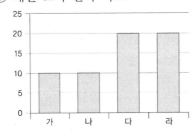

④ 개별 토지 도로 접면 상태 가중치

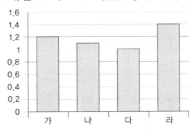

⑤ 도로 접면 상태 가중치

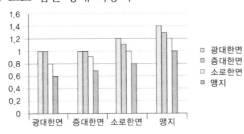

Tip ④ 가, 나, 다, 라의 표준지는 모두 소로한면으로 각각의 도로 접면 상태 가중치는 1.2, 1.1, 1.0, 0.8이다.

┃33~35 ┃ 다음 그래프는 우리나라와 미국의 대장암 추이를 연령대 별로 나타낸 것이다. 물음에 답하시오.

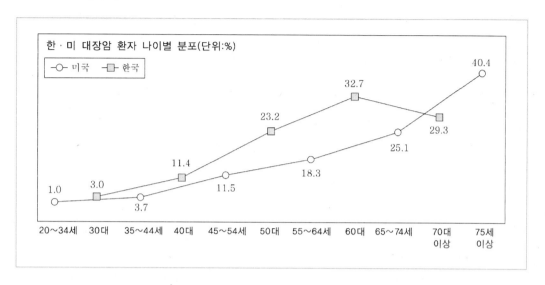

33 우리나라의 대장암 환자의 수는 약 2만 명으로 추정된다. 우리나라 60대 대장암 환자는 몇 명이나 되는가?

① 약 4,550명

② 약 5,560명

③ 약 6,540명

④ 약 7,540명

⑤ 약 8,260명

(Tip) $20000 \times \dfrac{327}{1000} = 6540\,(명)$

Answer┌→ 32.④ 33.③

34 그래프에 대한 설명으로 옳지 않은 것은?

① 우리나라 대장암 환자는 60대가 가장 많다.

② 미국의 대장암 환자는 75세 이상이 가장 많다.

③ 60대 대장암 환자 수는 우리나라가 미국보다 많다.

④ 미국의 대장암 환자는 나이가 많을수록 꾸준히 증가하고 있다.

⑤ 우리나라 대장암 환자는 60대까지 꾸준히 증가하다가, 60대 이후에는 감소하고 있다.

(Tip)   ③ 비율만 주어지고 인원은 주어지지 않아서 비교할 수 없다.

35 그래프에 대한 설명으로 옳지 않은 것은?

① 미국의 대장암 환자 비율은 나이가 적을수록 그 비율이 낮다.

② 미국의 대장암 환자 비율은 60대 후반부터 급격히 증가한다.

③ 미국의 대장암 환자 수가 5만 명 정도이면, 그 중 75세 이상은 2만 명가량 된다.

④ 미국의 40대의 대장암 환자 비율은 5%보다 작다.

⑤ 우리나라의 대장암 환자 비율은 50대에 급격히 증가한다.

(Tip)   ④ 미국의 40대의 대장암 환자 비율은 5% 이상이다.

36 다음 자료를 읽고 이에 대한 해석으로 올바른 것을 모두 고르면?

> **성인지적 교수 – 학습방법 도입**
>
> A대학은 공학부분에서 여학생들의 관심과 역할을 증대시키기 위하여 전공기초과목인 '과학기술문서작성 및 발표'에 여성 친화적 소재를 활용하고 여학생들에게 팀리더와 발표자의 역할을 부여하는 등, 성에 따른 고정관념을 해소하려는 '성인지적 교수 – 학습방법'을 도입하여, 여학생들이 보다 적극적으로 수업에 참여할 수 있도록 하고 여성공학도들에 대한 학생들의 인식변화를 유도하였다.

〈'과학기술문서작성 및 발표' 수업 후 학생 인식변화 결과〉

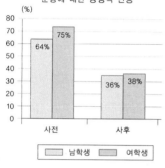

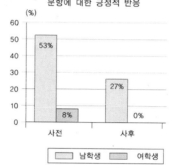

> ㉠ 수업 이후 남학생과 여학생 모두 '공학영역은 남자가 잘하는 영역'이라는 인식이 감소하였다.
> ㉡ 수업 이후 남학생과 여학생 모두 '공학영역에서 남자가 여자보다 중요한 일을 담당한다.'는 인식이 감소하였다.
> ㉢ 여학생의 경우 수업 이전에 '공학영역이 남자가 잘하는 영역'이라는 반응의 비율이 남학생보다 높았으나 '공학영역에서 남자가 여자보다 중요한 일을 담당한다.'는 반응의 비율은 남학생보다 낮았다.
> ㉣ 수업 이후에도 '공학영역이 남자가 잘하는 영역'이라는 응답의 비율은 여학생이 남학생보다 높았다.

① ㉠, ㉡, ㉢
② ㉠, ㉡, ㉣
③ ㉡, ㉢, ㉣
④ ㉢, ㉣
⑤ ㉠, ㉡, ㉢, ㉣

(Tip) 모두 옳은 설명이다.

Answer → 34.③ 35.④ 36.⑤

37 위의 표를 바탕으로 만든 관련 그래프로 옳지 않은 것을 고르면?

① 2007년 상반기와 2008년 상반기 매출액

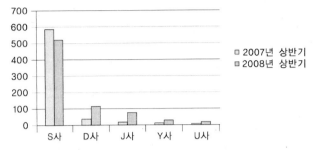

② D사의 2007년 상반기와 2008년 상반기 매출액 비교

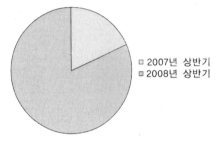

③ J사의 2007년 상반기와 2008년 상반기 매출액 비교

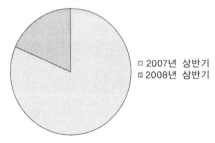

④ U사의 2007년 상반기와 2008년 상반기 매출액 비교

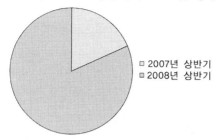

- 2007년 상반기
- 2008년 상반기

⑤ 각 회사별 증감율

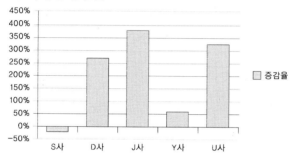

Tip   ③ 2007년과 2008년의 자료가 바뀌어 표시되었다.

Answer↪ 37.③

|38~40| 다음 표는 우리나라 항혈전제 복제약의 매출현황을 나타낸다. 물음에 답하시오.

(단위 : 억 원)

제약회사	품목명	2007년 상반기	2008년 상반기	증감율
S사	플라빅스	591	㉠	−11%
D사	플라비톨	30	112	273%
J사	플래리스	16	78	388%
Y사	크리빅스	14	32	㉡
U사	클로아트	7	30	329%

38 ㉠에 들어갈 값은 얼마인가?

① 656

② 621

③ 563

④ 526

⑤ 514

Tip

$$\frac{x-591}{591} \times 100 = -11$$

$$x = -\frac{6501}{100} + 591 = 526$$

39 ⓛ에 들어갈 값은 얼마인가?

① 185%

② 129%

③ 56%

④ 7%

⑤ 5%

 Tip $\dfrac{32-14}{32} \times 100 \fallingdotseq 129\,(\%)$

40 표에 대한 설명으로 옳은 것은?

① 모든 회사의 매출액은 증가하였다.

② 매출이 가장 많이 상승한 회사는 J사이다.

③ 매출이 가장 적게 상승한 회사는 U사이다.

④ 전체 회사의 평균 매출 증가율은 222%정도 상승하였다.

⑤ 매출이 감소한 회사는 모두 2곳이다.

Tip
① S사의 매출액은 감소하였다.
③ 매출액이 가장 적게 상승한 회사는 Y사이다.
④ 전체 회사의 평균 매출 증가율은 207%정도 상승하였다.
⑤ 매출이 감소한 회사는 S사 1곳이다.

Answer ↪ 38.④ 39.② 40.②

05 도식이해/공간지각

– 예제 –

[변환]

⇨⇨	1열을 2열로 복제
⇩⇩	1행을 2행으로 복제
↶	가운데를 기준으로 반시계방향으로 한 칸씩 이동
⇧⇩	1행과 3행을 교환

[비교]

□	해당 칸의 최초 도형과 '모양'을 비교
◁	해당 칸의 최초 도형과 모양이 같으면 1열씩 왼쪽으로 이동
△	해당 칸의 최초 도형과 모양이 다르면 1행씩 위로 이동
■	해당 칸의 최초 도형과 '색깔'을 비교
◑	해당 칸의 최초 도형과 색깔이 같으면 해당 행 색 반전
◐	해당 칸의 최초 도형과 색깔이 다르면 해당 열 색 반전

[예시]

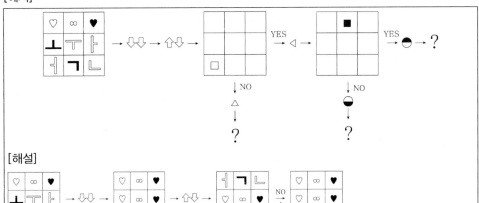

[해설]

▐ 1~10 ▐ 제시된 도형을 아래의 [변환] 규칙과, [비교] 규칙에 따라 변환시킨다고 할 때, '?'에 들어갈 도형으로 알맞은 것을 고르시오.

[변환]

▶▶	1열을 3열로 복제
▼▼	1행을 3행으로 복제
◎	가운데를 기준으로 시계방향으로 한 칸씩 이동
◁▷	1열과 3열을 교환

[비교]

⊗	해당 칸의 최초 도형과 '모양'을 비교
▷	해당 칸의 최초 도형과 모양이 같으면 1열씩 오른쪽으로 이동
▽	해당 칸의 최초 도형과 모양이 다르면 1행씩 아래로 이동
⊗	해당 칸의 최초 도형과 '색깔'을 비교
□	해당 칸의 최초 도형과 색깔이 같으면 해당 열 색 반전
■	해당 칸의 최초 도형과 색깔이 다르면 해당 행 색 반전

1

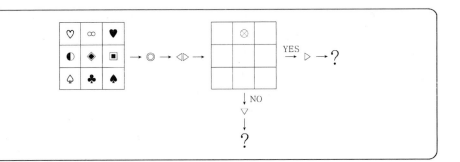

①
♡	∞	♥
♤	♣	♠
◐	◈	■

②
♡	∞	♡
◑	◈	◐
♠	♣	♤

③
♥	◈	◐
■	♤	∞
♣	♡	♠

④
∞	♡	◐
♥	◈	♤
■	♠	♣

⑤
■	♠	♣
∞	♡	◐
♥	◈	♤

Tip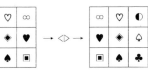

2

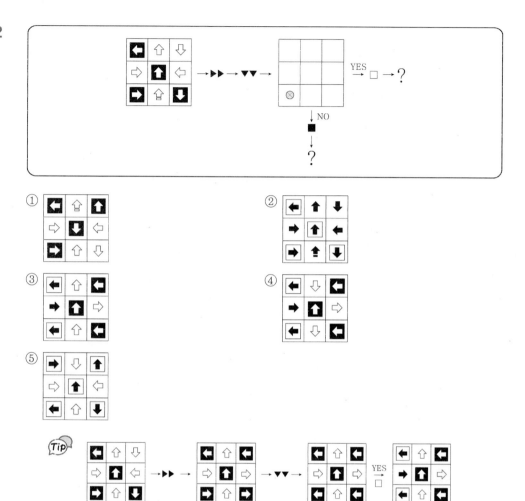

Answer ⌐→ 1.⑤ 2.③

3

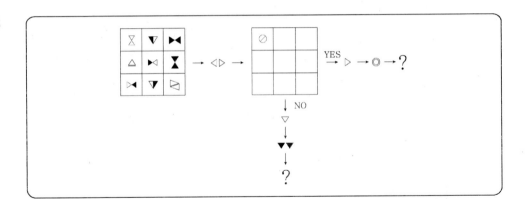

①

②

④

③

⑤

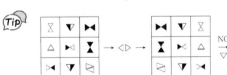 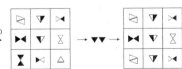

4

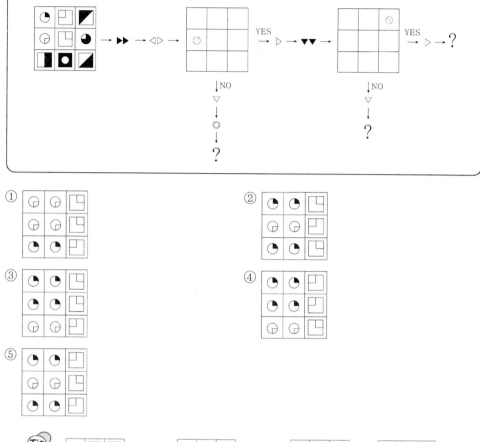

① ② ③ ④ ⑤

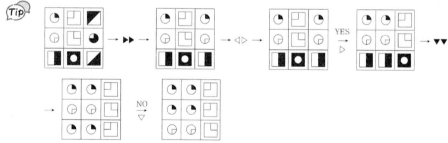

Answer↪ 3.② 4.④

5

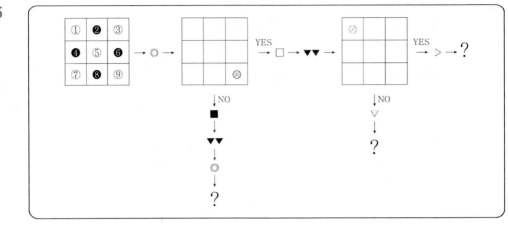

①
⑦	❹	①
❹	⑤	❷
①	❷	③

②
❼	④	❶
④	❺	②
❶	②	❸

③
❹	①	②
⑦	⑤	❸
❽	⑨	⑥

④
❹	①	❷
⑦	⑤	③
❹	①	❷

⑤
①	❷	③
❹	⑤	❷
⑦	❹	①

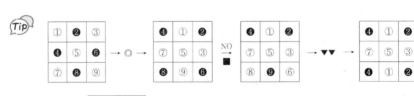

6

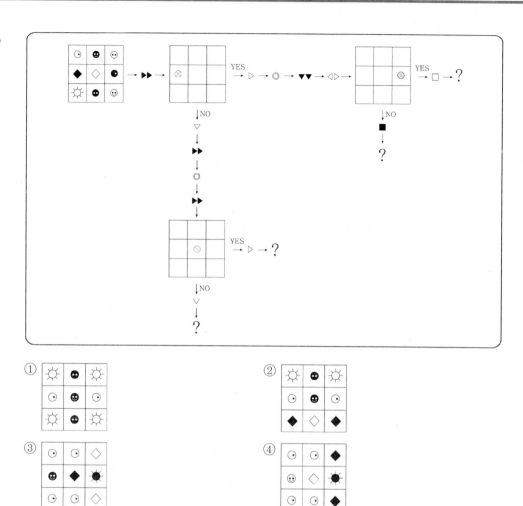

①

②

③

④

⑤

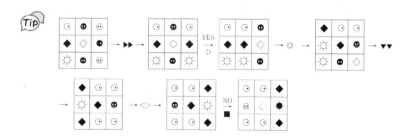

Answer ↪ 5.① 6.④

7

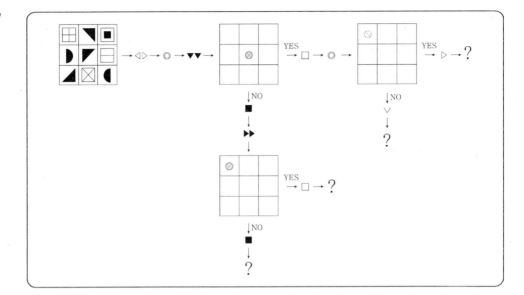

①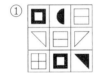

②

③

④

⑤

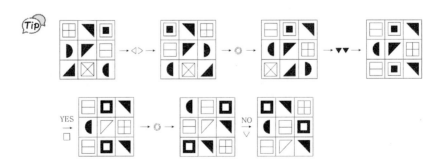

8

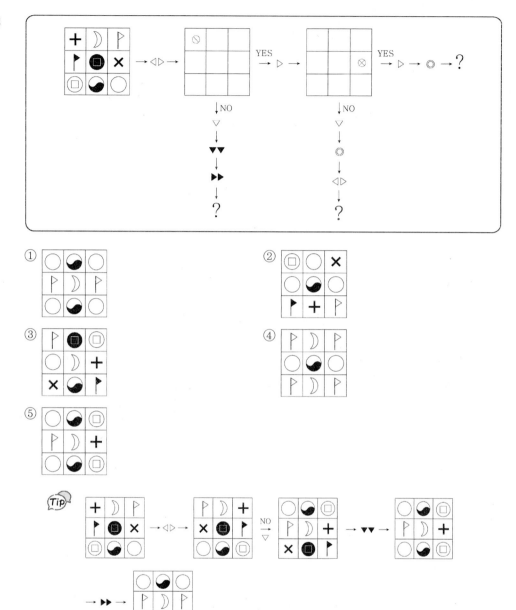

① ② ③ ④ ⑤

9

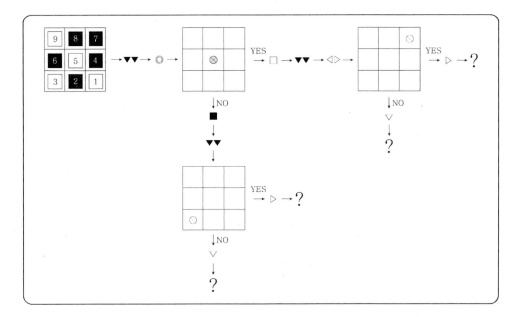

①
1	2	3
4	5	6
7	8	9

②
3	4	5
7	1	2
6	8	9

③
8	9	6
8	9	6
7	5	9

④
6	8	9
9	7	5
6	8	9

⑤
8	9	6
8	9	6
7	5	9

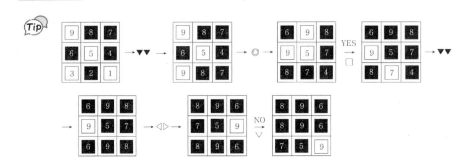

10

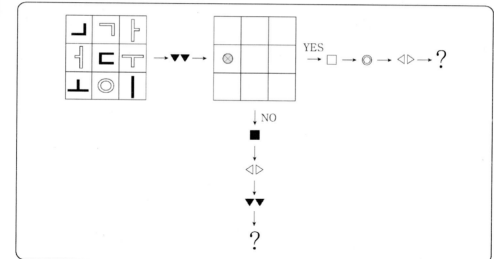

①

②

③

④

⑤

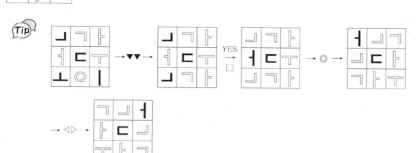

[규칙1] 1열과 3열의 도형 위치를 바꾼다.

　　　　1열과 3열의 세로 연결선이 있다면 이 위치 역시 바꾼다.

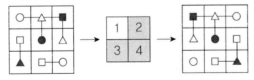

[규칙2] 도형을 제외한 연결선만 시계방향으로 90° 회전시킨다.

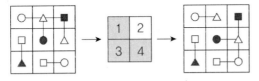

[규칙3] 도형의 색을 반전한다. 연결선은 반전하지 않는다.

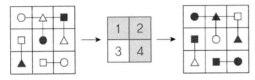

[규칙4] 연결선만 반전한다.

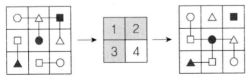

11

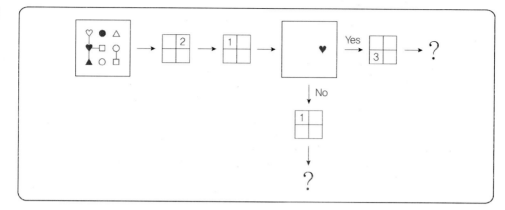

①

②

③

④

⑤

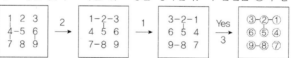

Tip 각 도형을 숫자로 바꾼 뒤 모양을 생각한다. 색 반전은 ①과 같이 바꾼다.

12

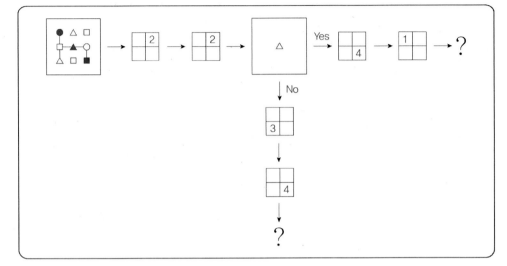

①

②

③

④

⑤

Tip

$$\begin{array}{ccc} 1 & 2 & 3 \\ 4-5-6 \\ 7 & 8 & 9 \end{array} \xrightarrow{2} \begin{array}{ccc} 1-2-3 \\ 4 & 5 & 6 \\ 7-8 & 9 \end{array} \xrightarrow{2} \begin{array}{ccc} 1 & 2 & 3 \\ 4-5-6 \\ 7 & 8 & 9 \end{array} \xrightarrow[3]{No} \cdots \xrightarrow{4} \cdots$$

13

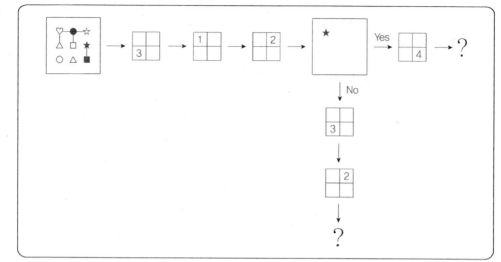

①

②

③

④

⑤

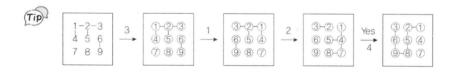

14

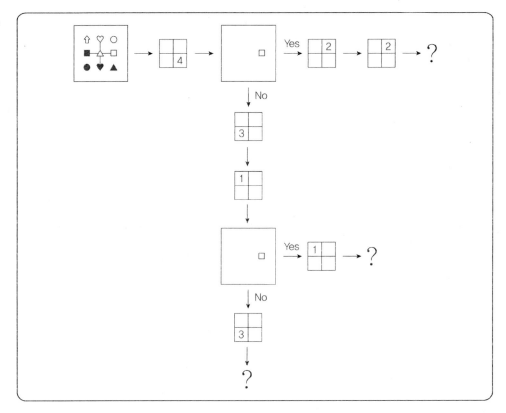

①

②

③

④

⑤

15

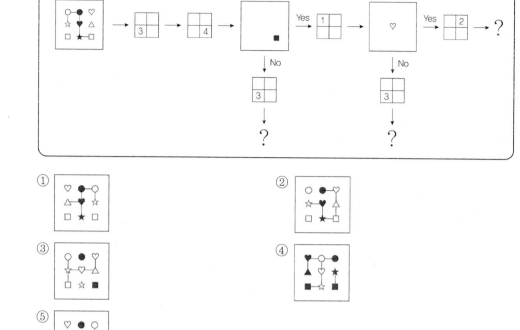

① ② ③ ④ ⑤

Tip

16

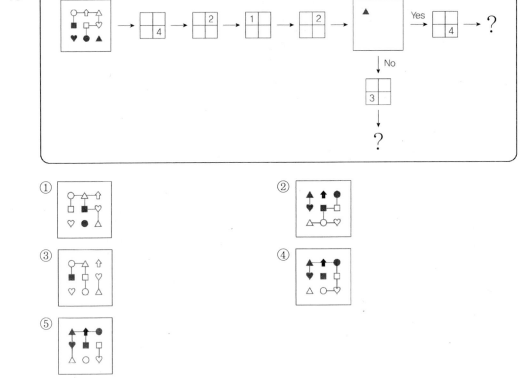

①

②

③

④

⑤

Tip

17

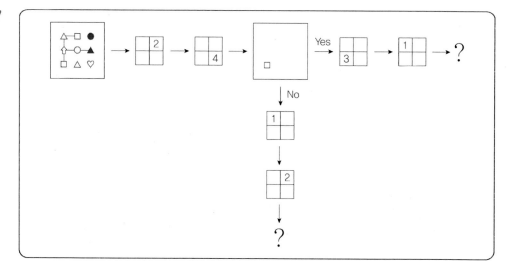

①

②

③

④

⑤

(Tip)

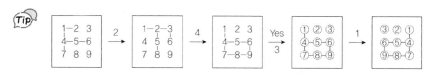

18

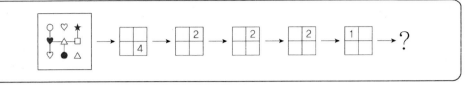

①

②

③

④

⑤

(Tip)

$$
\begin{array}{ccc}
1 & 2 & 3 \\
4-5-6 \\
7 & 8 & 9
\end{array}
\xrightarrow{4}
\begin{array}{ccc}
1-2-3 \\
4 & 5 & 6 \\
7-8-9
\end{array}
\xrightarrow{2}
\begin{array}{ccc}
1 & 2 & 3 \\
4-5-6 \\
7-8 & 9
\end{array}
\xrightarrow{2}
\begin{array}{ccc}
1-2-3 \\
4 & 5 & 6 \\
7-8-9
\end{array}
$$

$$
\xrightarrow{2}
\begin{array}{ccc}
1 & 2-3 \\
4-5 & 6 \\
7 & 8 & 9
\end{array}
\xrightarrow{1}
\begin{array}{ccc}
3 & 2-1 \\
6-5 & 4 \\
9 & 8 & 7
\end{array}
$$

19

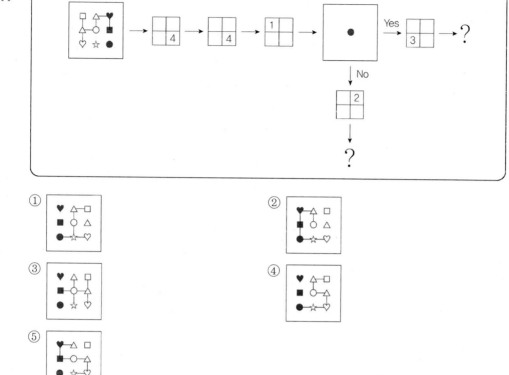

①

②

③

④

⑤

Tip

$$\begin{array}{ccc} 1 & 2-3 \\ 4-5 & 6 \\ 7 & 8 & 9 \end{array} \xrightarrow{4} \begin{array}{ccc} 1-2 & 3 \\ 4 & 5-6 \\ 7-8-9 \end{array} \xrightarrow{4} \begin{array}{ccc} 1 & 2-3 \\ 4-5 & 6 \\ 7 & 8 & 9 \end{array} \xrightarrow{1} \begin{array}{ccc} 3 & 2-1 \\ 6-5 & 4 \\ 9 & 8 & 7 \end{array} \xrightarrow[2]{No} \begin{array}{ccc} 3 & 2-1 \\ 6 & 5-4 \\ 9-8-7 \end{array}$$

20

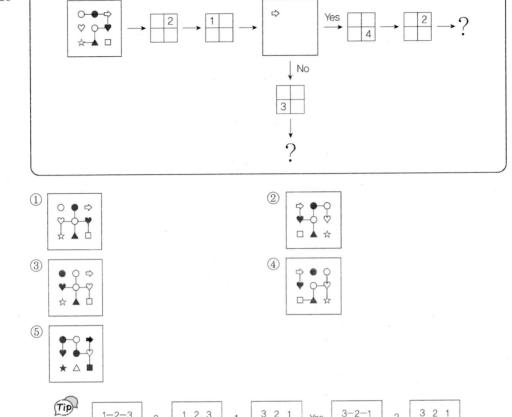

①

②

③

④

⑤

다음 그림을 보고 물음에 답하시오.

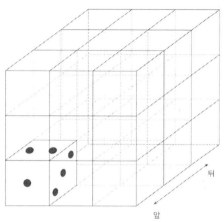

주어진 그림과 같이 27칸으로 나누어진 정육면체 모양의 공간 안에 주사위가 있다. 맨 아래층 왼쪽 앞부터 맨 위층 오른쪽 뒤까지 각 칸의 번호는 다음과 같다.

7	8	9	뒤		16	17	18	뒤		25	26	27	뒤
4	5	6			13	14	15			22	23	24	
1	2	3	앞		10	11	12	앞		19	20	21	앞
맨 아래층					중간층					맨 위층			

공간 안에서 주사위는 바닥, 벽 또는 천장을 따라 한 칸(90°)씩 구르면서 이동한다. 주사위가 닿아 있는 면이 두 곳 이상인 경우 구르는 기준의 우선순위는 닿은 면에 따라 [바닥→천장→앞 벽→뒤 벽→오른쪽 벽→왼쪽 벽] 순서로 하고, 구르는 방향의 우선순위는 [오른쪽→왼쪽→앞→뒤→위→아래] 순서로 하며, 이동시 최단경로가 되도록 한다. 예를 들어 1번 자리에서 출발한 주사위( )가 3번 자리로 이동하는 경우에는 바닥을 기준으로 오른쪽으로 90°씩 두 번 구르게 되므로 주사위의 모양은 가 되고, 1번 자리에서 출발한 주사위( )가 11번 자리로 이동하는 경우에는 바닥을 기준으로 오른쪽으로 한 번, 앞 벽을 기준으로 위로 한 번 구르게 되므로 주사위의 모양은 가 된다.

21 다음 그림과 같이 27번 자리에서 출발한 주사위가 25번 자리로 이동하는 경우 주사위의 모양으로 알맞은 것은?

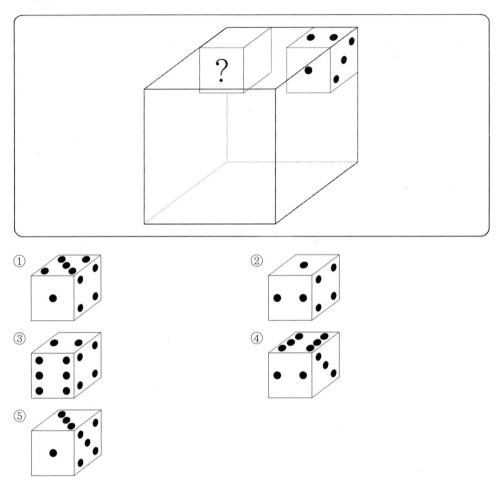

① ② ③ ④ ⑤

(Tip) 주어진 주사위가 27번 자리에서 25번 자리로 이동하려면 천장을 기준으로 왼쪽으로 두 번 굴러야 한다.

22 다음 그림과 같이 27번 자리에서 출발한 주사위가 20번 자리로 이동하는 경우 주사위의 모양으로 알맞은 것은?

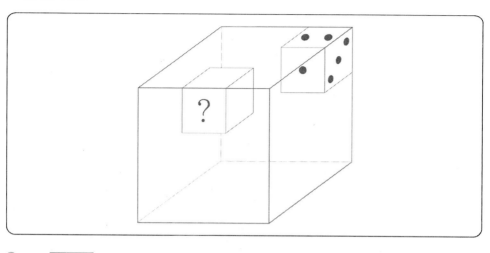

①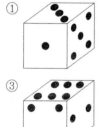

② (주사위 그림)

③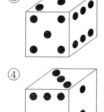

④ (주사위 그림)

⑤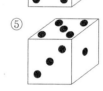

 주어진 주사위가 27번 자리에서 20번 자리로 이동하려면 천장을 기준으로 왼쪽으로 한 번, 다시 천장을 기준으로 앞으로 두 번 굴러야 한다.

Answer ↱ 21.① 22.④

23 다음 그림과 같이 27번 자리에서 출발한 주사위가 13번 자리로 이동하는 경우 주사위의 모양으로 알맞은 것은?

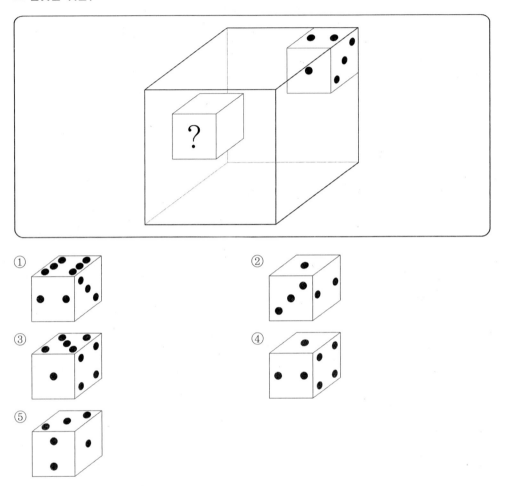

① ② ③ ④ ⑤

Tip 주어진 주사위가 27번 자리에서 13번 자리로 이동하려면 천장을 기준으로 왼쪽으로 두 번, 다시 천장을 기준으로 앞으로 한 번, 그 다음 왼쪽 벽을 기준으로 아래로 한 번 굴려야 한다.

24 다음 그림과 같이 27번 자리에서 출발한 주사위가 12번 자리로 이동하는 경우 주사위의 모양으로 알맞은 것은?

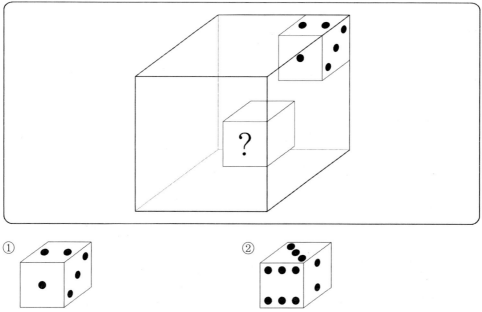

①

②

③

④

⑤

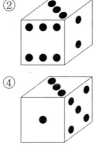

 주어진 주사위가 27번 자리에서 12번 자리로 이동하려면 천장을 기준으로 앞으로 두 번, 그 다음 앞쪽 벽을 기준으로 아래로 한 번 굴러야 한다.

Answer ↳ 23.⑤ 24.②

25 다음 그림과 같이 27번 자리에서 출발한 주사위가 6번 자리로 이동하는 경우 주사위의 모양으로 알맞은 것은?

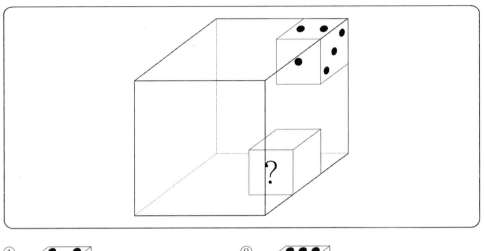

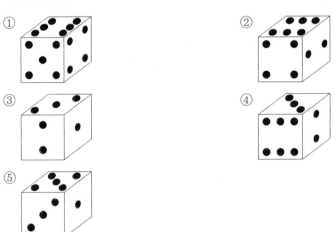

Tip 주어진 주사위가 27번 자리에서 6번 자리로 이동하려면 천장을 기준으로 앞으로 한 번, 그 다음 오른쪽 벽을 기준으로 아래로 두 번 굴러야 한다.

26 다음 그림과 같이 3번 자리에서 출발한 주사위가 16번 자리로 이동하는 경우 주사위의 모양으로 알맞은 것은?

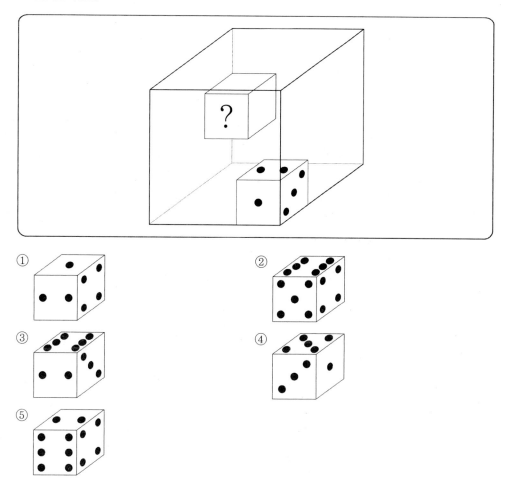

① ② ③ ④ ⑤

(Tip) 주어진 주사위가 3번 자리에서 16번 자리로 이동하려면 바닥을 기준으로 왼쪽으로 두 번, 다시 바닥을 기준으로 뒤로 두 번, 그 다음 뒤쪽 벽을 기준으로 위로 한 번 굴러야 한다.

Answer ➔ 25.① 26.②

27 다음 그림과 같이 6번 자리에서 출발한 주사위가 20번 자리로 이동하는 경우 주사위의 모양으로 알맞은 것은?

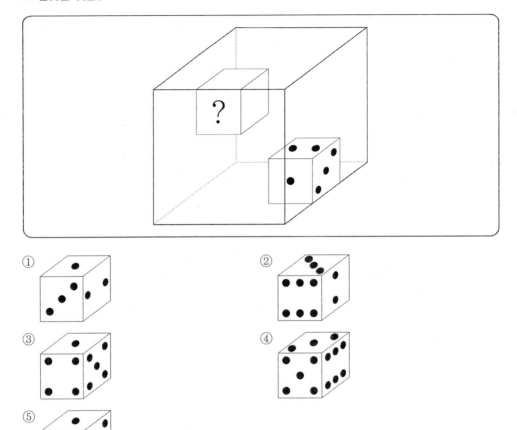

① ② ③ ④ ⑤

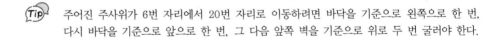
주어진 주사위가 6번 자리에서 20번 자리로 이동하려면 바닥을 기준으로 왼쪽으로 한 번, 다시 바닥을 기준으로 앞으로 한 번, 그 다음 앞쪽 벽을 기준으로 위로 두 번 굴러야 한다.

28 다음 그림과 같이 17번 자리에서 출발한 주사위가 1번 자리로 이동하는 경우 주사위의 모양으로 알맞은 것은?

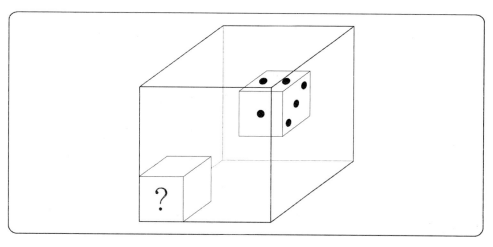

①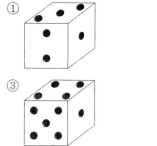

②

③

④

⑤

 주어진 주사위가 17번 자리에서 1번 자리로 이동하려면 뒤쪽 벽을 기준으로 왼쪽으로 한 번, 그 다음 왼쪽 벽을 기준으로 앞으로 두 번, 그 다음 앞쪽 벽을 기준으로 아래로 한 번 굴려야 한다.

Answer ↱ 27.③ 28.③

29 다음 그림과 같이 15번 자리에서 출발한 주사위가 25번 자리로 이동하는 경우 주사위의 모양으로 알맞은 것은?

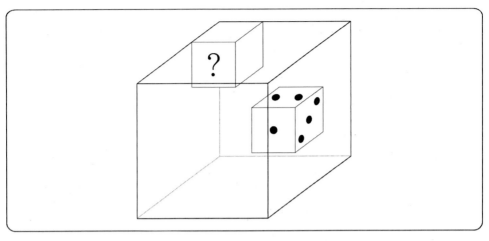

①

②

③

④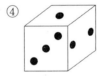

⑤

 주어진 주사위가 15번 자리에서 25번 자리로 이동하려면 오른쪽 벽을 기준으로 뒤로 한 번, 그 다음 뒤쪽 벽을 기준으로 왼쪽으로 두 번, 다시 뒤쪽 벽을 기준으로 위로 한 번 굴러야 한다.

30 다음 그림과 같이 23번 자리에서 출발한 주사위가 9번 자리로 이동하는 경우 주사위의 모양으로 알맞은 것은?

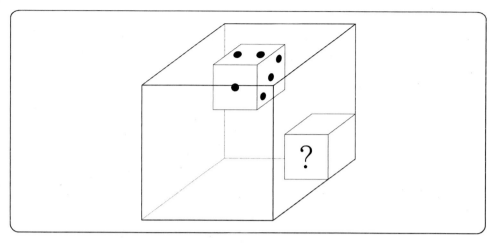

①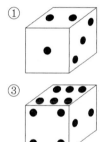

②

③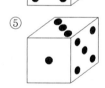

④

⑤

  주어진 주사위가 23번 자리에서 9번 자리로 이동하려면 천장을 기준으로 오른쪽으로 한 번, 다시 천장을 기준으로 뒤로 한 번, 그 다음 뒤쪽 벽을 기준으로 아래로 두 번 굴러야 한다.

Answer ↱ 29.⑤ 30.④

31~40 다음 〈예시〉를 참고하여 주어진 부분도를 보고 알맞은 입체도형을 고르시오. (단, 도형은 x, y, z축을 기준으로 무작위로 회전이 된다.)

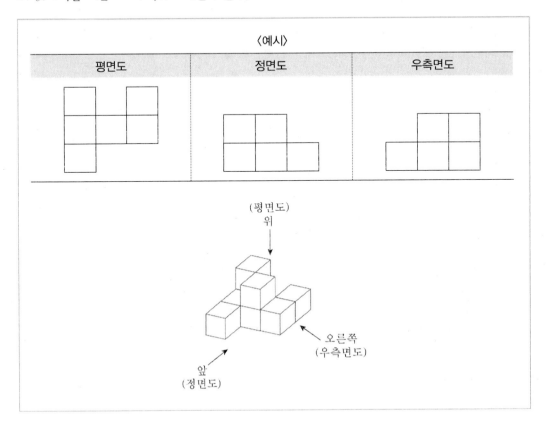

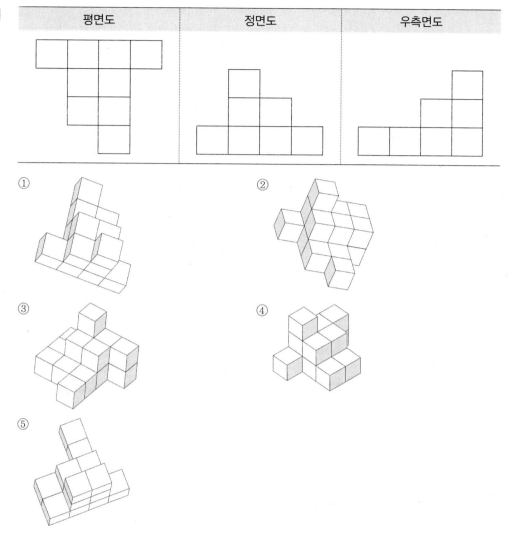

평면도	정면도	우측면도

① ②

③ ④

⑤

(Tip) 도면을 종합해볼 때 적절한 도형은 ①이다.

Answer ⟶ 31.①

평면도	정면도	우측면도

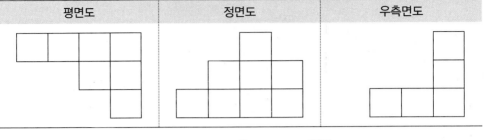

①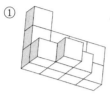

②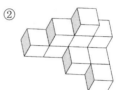

③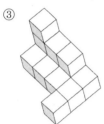

④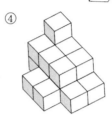

⑤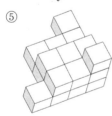

Tip 도면을 종합해볼 때 적절한 도형은 ②이다.

평면도	정면도	우측면도

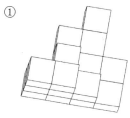

①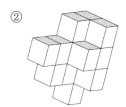

②

③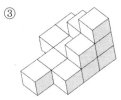

④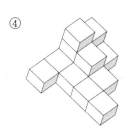

⑤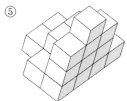

(Tip) 도면을 종합해볼 때 적절한 도형은 ③이다.

Answer ⌐→ 32.② 33.③

평면도 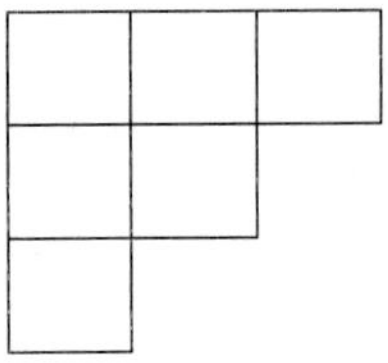	정면도 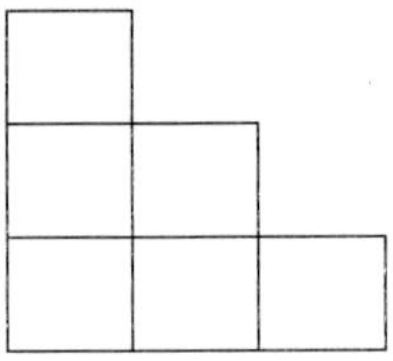	우측면도 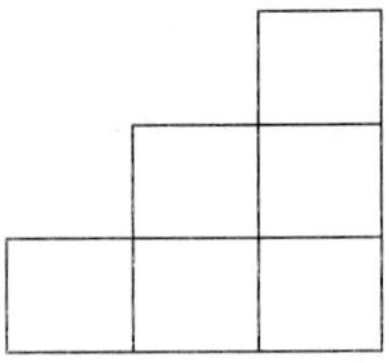

①

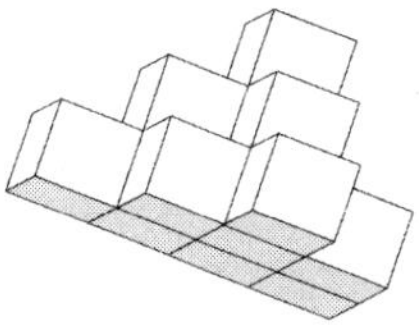

②

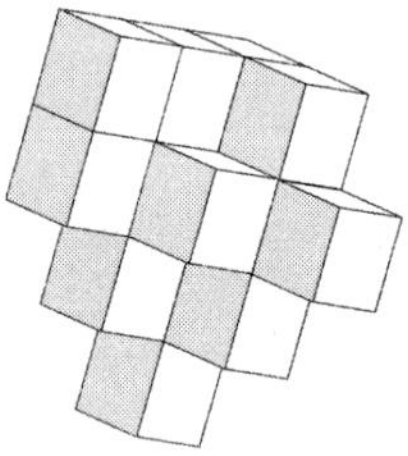

③

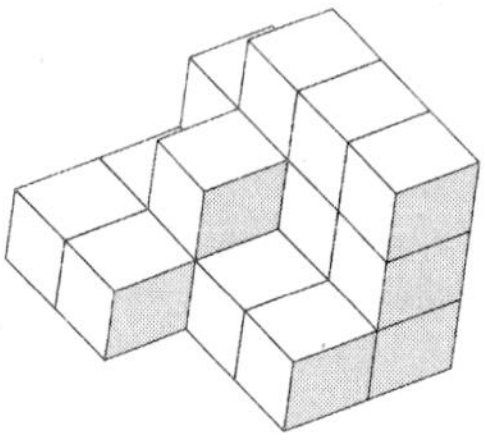

④

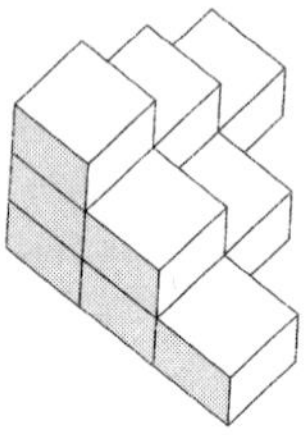

⑤

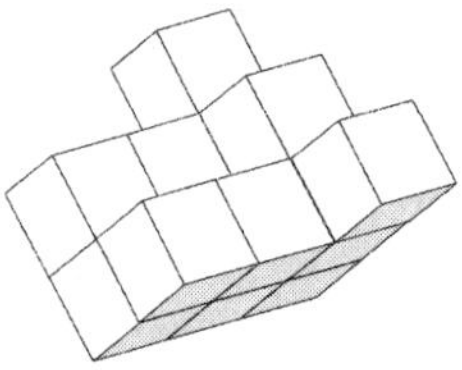

Tip 도면을 종합해볼 때 적절한 도형은 ④이다.

35

평면도	정면도	우측면도

①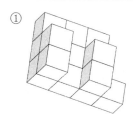

②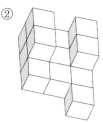

③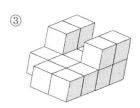

④

⑤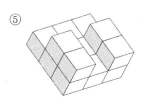

Tip 도면을 종합해볼 때 적절한 도형은 ⑤이다.

Answer ⟶ 34.④ 35.⑤

평면도	정면도	우측면도

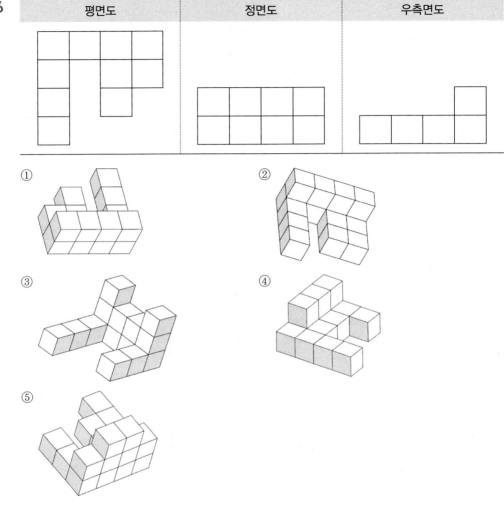

① ② ③ ④ ⑤

Tip 도면을 종합해볼 때 적절한 도형은 ①이다.

37	평면도	정면도	우측면도

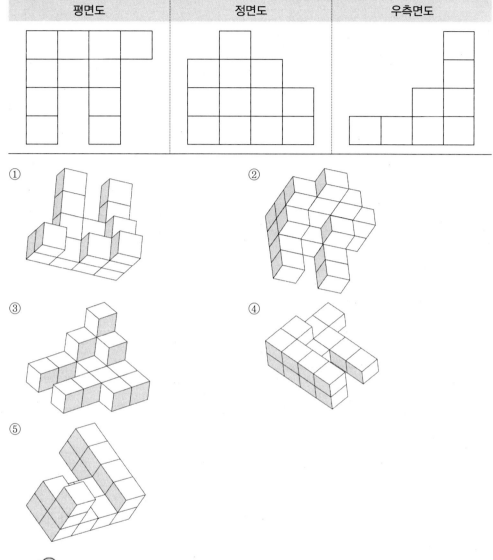

① ② ③ ④ ⑤

Tip 도면을 종합해볼 때 적절한 도형은 ②이다.

Answer⟶ 36.① 37.②

평면도	정면도	우측면도

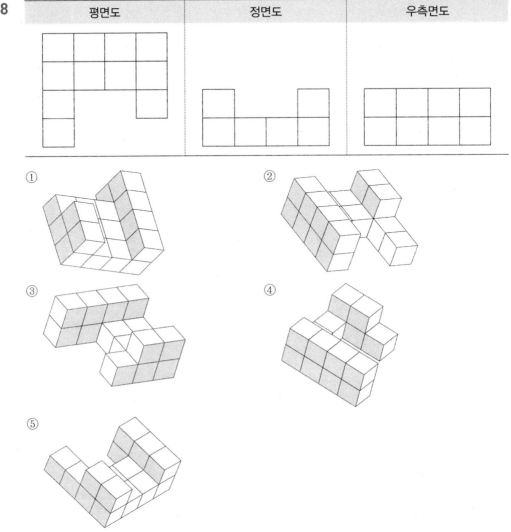

① ② ③ ④ ⑤

Tip 도면을 종합해볼 때 적절한 도형은 ③이다.

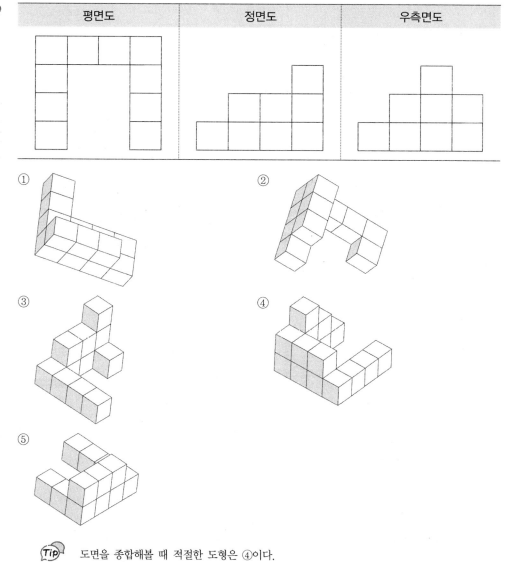

평면도	정면도	우측면도

① ② ③ ④ ⑤

(Tip) 도면을 종합해볼 때 적절한 도형은 ④이다.

Answer ↱ 38.③ 39.④

40	평면도	정면도	우측면도

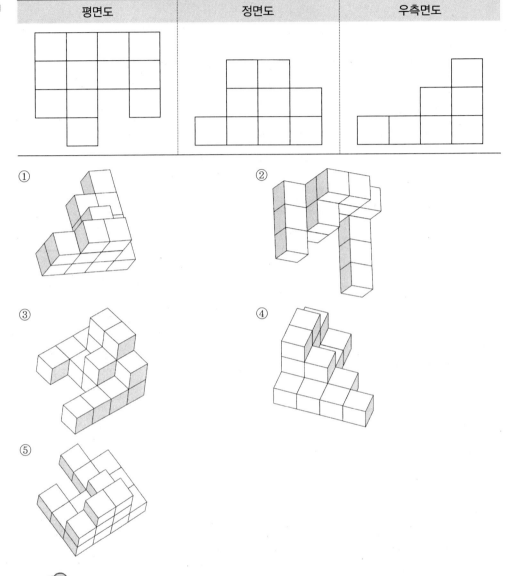

① ② ③ ④ ⑤

Tip 도면을 종합해볼 때 적절한 도형은 ⑤이다.

다음 주어진 예제를 보고 규칙에 따라 결합된 도형을 고르시오.

〈예제〉

다음 도형을 접어 기준면을 정면으로 하여 조건에 맞게 회전 및 결합한 형태는?

〈전개도〉

〈도형 A〉	〈도형 B〉	〈도형 C〉
	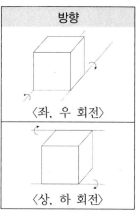	

〈회전 조건〉

기준면	방향	대상	〈도형 A〉	〈도형 B〉	〈도형 C〉
♥	〈좌, 우 회전〉 〈상, 하 회전〉	회전 방향	좌 2칸 상 1칸	상 2칸 우 1칸	우 2칸 하 2칸
		회전 결과			

〈결합 조건〉

결합 형태		결합 결과
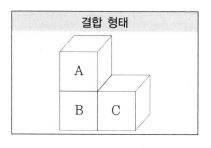	⇨	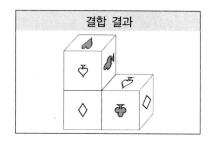

41

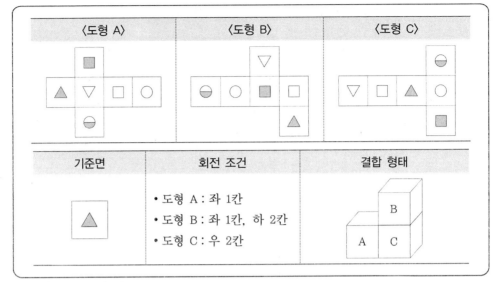

기준면	회전 조건	결합 형태
△	• 도형 A : 좌 1칸 • 도형 B : 좌 1칸, 하 2칸 • 도형 C : 우 2칸	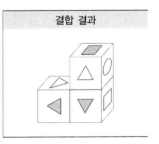

①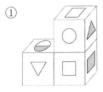

②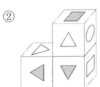

③

④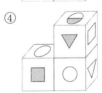

⑤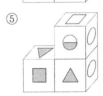

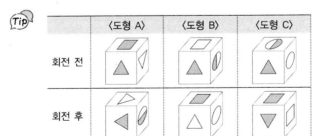

	〈도형 A〉	〈도형 B〉	〈도형 C〉	결합 결과
회전 전				
회전 후				

42

〈도형 A〉	〈도형 B〉	〈도형 C〉
$\frac{1}{7}$	$\frac{2}{7}$	$\frac{2}{7}$
$\frac{3}{7}$ $\frac{5}{7}$ $\frac{2}{7}$ $\frac{6}{7}$	$\frac{4}{7}$ $\frac{1}{7}$ $\frac{5}{7}$ $\frac{3}{7}$	$\frac{3}{7}$ $\frac{4}{7}$ $\frac{6}{7}$ $\frac{5}{7}$
$\frac{4}{7}$	$\frac{6}{7}$	$\frac{1}{7}$

기준면	회전 조건	결합 형태
$\frac{1}{7}$	• 도형 A : 우 2칸, 상 2칸 • 도형 B : 상 1칸, 좌 1칸 • 도형 C : 우 1칸	 A B C

①

②

③

④

⑤

Tip	〈도형 A〉	〈도형 B〉	〈도형 C〉		결합 결과
회전 전					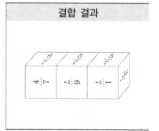
회전 후					

43

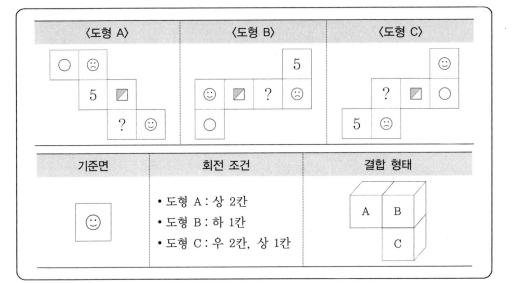

기준면	회전 조건	결합 형태
☺	• 도형 A : 상 2칸 • 도형 B : 하 1칸 • 도형 C : 우 2칸, 상 1칸	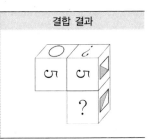

①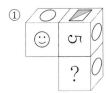

②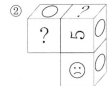

③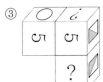

④

⑤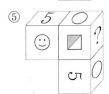

	〈도형 A〉	〈도형 B〉	〈도형 C〉	결합 결과
회전 전				
회전 후				

44

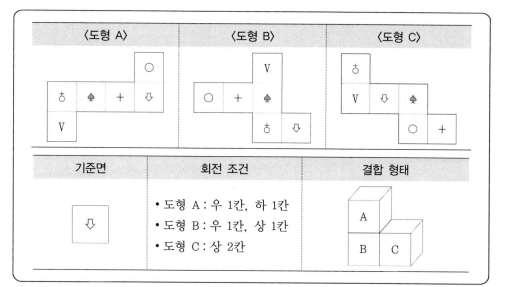

기준면	회전 조건	결합 형태
⇩	• 도형 A : 우 1칸, 하 1칸 • 도형 B : 우 1칸, 상 1칸 • 도형 C : 상 2칸	A B C

①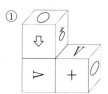

②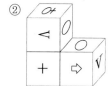

③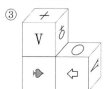

④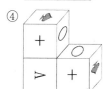

⑤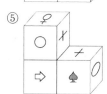

Tip	〈도형 A〉	〈도형 B〉	〈도형 C〉		결합 결과
회전 전					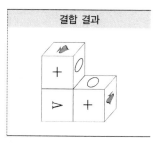
회전 후					

Answer → 43.③ 44.④

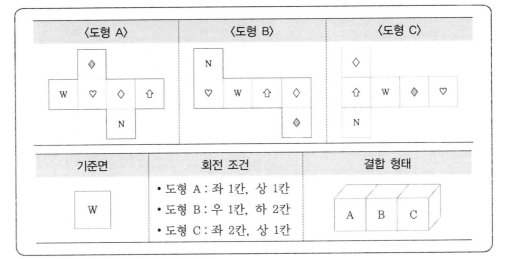

기준면	회전 조건	결합 형태
W	• 도형 A : 좌 1칸, 상 1칸 • 도형 B : 우 1칸, 하 2칸 • 도형 C : 좌 2칸, 상 1칸	A B C

①

②

③

④

⑤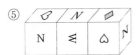

Tip	〈도형 A〉	〈도형 B〉	〈도형 C〉	결합 결과
회전 전				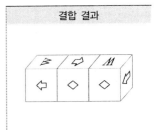
회전 후				

46

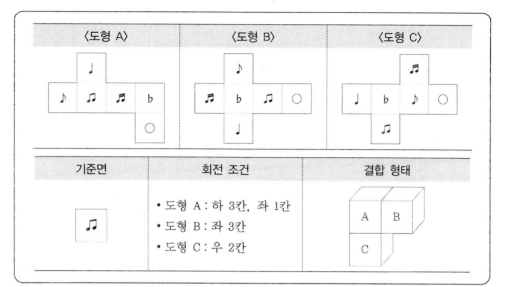

기준면	회전 조건	결합 형태
♫	• 도형 A : 하 3칸, 좌 1칸 • 도형 B : 좌 3칸 • 도형 C : 우 2칸	A B C

① 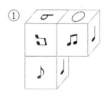 ②

③ 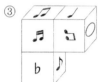 ④

⑤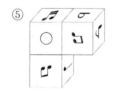

	〈도형 A〉	〈도형 B〉	〈도형 C〉	결합 결과
회전 전				
회전 후				

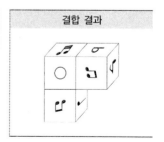

47

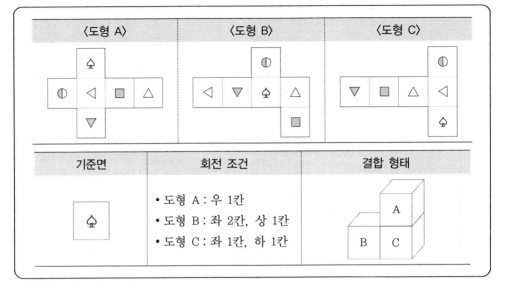

기준면	회전 조건	결합 형태
♤	• 도형 A : 우 1칸 • 도형 B : 좌 2칸, 상 1칸 • 도형 C : 좌 1칸, 하 1칸	A B　C

①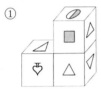

②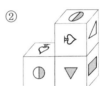

③

④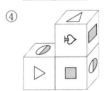

⑤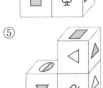

	〈도형 A〉	〈도형 B〉	〈도형 C〉	결합 결과
회전 전				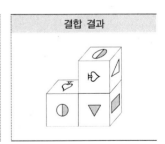
회전 후				

48

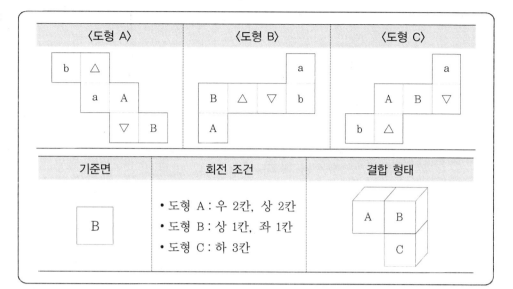

기준면	회전 조건	결합 형태
B	• 도형 A : 우 2칸, 상 2칸 • 도형 B : 상 1칸, 좌 1칸 • 도형 C : 하 3칸	

①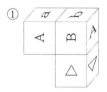

②

③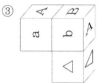

④

⑤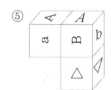

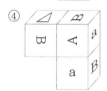

	〈도형 A〉	〈도형 B〉	〈도형 C〉		결합 결과
회전 전	B	B	B		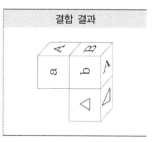
회전 후	a	b			

49

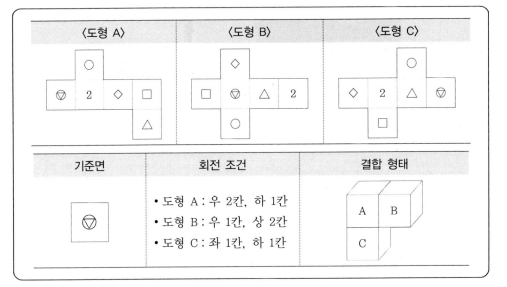

기준면	회전 조건	결합 형태
⊕	• 도형 A : 우 2칸, 하 1칸 • 도형 B : 우 1칸, 상 2칸 • 도형 C : 좌 1칸, 하 1칸	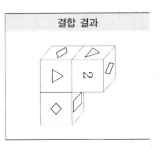

①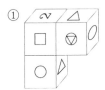

②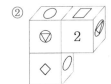

③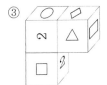

④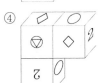

⑤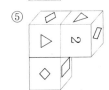

	〈도형 A〉	〈도형 B〉	〈도형 C〉		결합 결과
회전 전					
회전 후					

50

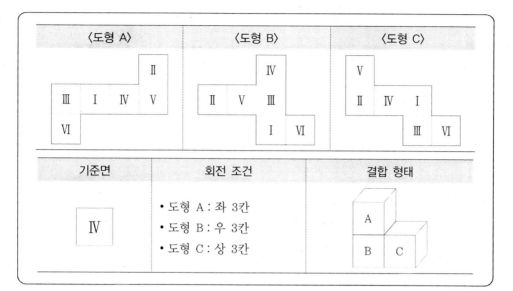

기준면	회전 조건	결합 형태
IV	• 도형 A : 좌 3칸 • 도형 B : 우 3칸 • 도형 C : 상 3칸	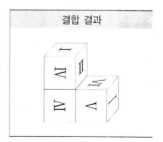

①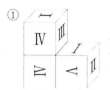

②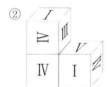

③

④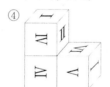

⑤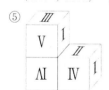

(Tip)

	〈도형 A〉	〈도형 B〉	〈도형 C〉		결합 결과
회전 전					
회전 후					

PART

III

인성검사

01 인성검사의 이해

1 인성(성격)검사의 개념과 목적

인성(성격)이란 개인을 특징짓는 평범하고 일상적인 사회적 이미지, 즉 지속적이고 일관된 공적 성격(Public – personality)이며, 환경에 대응함으로써 선천적 · 후천적 요소의 상호작용으로 결정화된 심리적 · 사회적 특성 및 경향을 의미한다.

인성검사는 필기전형을 실시하는 대부분의 기업체에서 병행하여 실시하고 있으며, 인성검사만 독자적으로 실시하는 기업도 있다.

기업체에서는 인성검사를 통하여 각 개인이 어떠한 성격 특성이 발달되어 있고, 어떤 특성이 얼마나 부족한지, 그것이 해당 직무의 특성 및 조직문화와 얼마나 맞는지를 알아보고 이에 적합한 인재를 선발하고자 한다. 또한 개인에게 적합한 직무 배분과 부족한 부분을 교육을 통해 보완하도록 할 수 있다.

인성검사의 측정요소는 검사방법에 따라 차이가 있다. 또한 각 기업체들이 사용하고 있는 인성검사는 기존에 개발된 인성검사방법에 각 기업체의 인재상을 적용하여 자신들에게 적합하게 재개발하여 사용하는 경우가 많다. 그러므로 기업체에서 요구하는 인재상을 파악하여 그에 따른 대비책을 준비하는 것이 바람직하다.

인성검사의 문항은 각 개인의 특성을 알아보고자 하는 것으로 절대적으로 옳거나 틀린 답이 없다. 결과를 지나치게 의식하여 솔직하게 응답하지 않으면 과장 반응으로 분류될 수 있다. 그러므로 각 문항에 대해 자신의 생각이나 행동을 있는 그대로 솔직하게 나타내는 것이 가장 바람직하다.

2 임하는 자세

(1) 솔직하게 있는 그대로 표현한다.

인성검사는 평범한 일상생활 내용들을 다룬 짧은 문장과 어떤 대상이나 일에 대한 선호를 선택하는 문장으로 구성되었으므로 평소에 자신이 생각한 바를 너무 골똘히 생각하지 말고 문제를 보는 순간 떠오른 것을 표현한다.

(2) 모든 문제를 신속하게 대답한다.

인성검사는 시간제한이 없는 것이 원칙이지만 기업체들은 일정한 시간제한을 두고 있다. 인성검사는 개인의 성격과 자질을 알아보기 위한 검사이기 때문에 정답이 없다. 다만, 해당 기업에서 바람직하게 생각하거나 기대되는 결과가 있을 뿐이다. 따라서 시간에 쫓겨서 대충 대답을 하는 것은 바람직하지 못하다.

(3) 일관성 있게 대답한다.

간혹 반복되는 문제들이 출제되기 때문에 일관성 있게 답하지 않으면 감점될 수 있으므로 유의한다. 실제로 기업 인사부 직원의 인터뷰에 따르면 일관성이 없게 대답한 응시자들이 감점을 받아 탈락했다고 한다. 거짓된 응답을 하다보면 일관성 없는 결과가 나타날 수 있으므로 신속하고 솔직하게 체크하다 보면 일관성 있는 응답이 될 것이다.

(4) 마지막까지 집중해서 검사에 임한다.

장시간 진행되는 검사에 지칠 수 있으므로 마지막까지 집중해서 정확히 답할 수 있도록 해야 한다.

02 실전 인성검사

※ 인성검사는 응시자의 성향을 파악하기 위한 도구로 별도의 답안을 제공하지 않습니다.

| 1~100 | 다음 주어진 보기 중에서 자신의 성향에 맞게 표시하시오.

1

문항예시	매우 아니다	아니다	보통이다	그렇다	매우 그렇다
① 다른 사람을 욕한 적이 한 번도 없다.	①	②	③	④	⑤
② 다른 사람에게 어떻게 보일지 신경을 쓴다.	①	②	③	④	⑤
③ 금방 낙심하는 편이다.	①	②	③	④	⑤
④ 다른 사람에게 의존하는 경향이 있다.	①	②	③	④	⑤

2

문항예시	매우 아니다	아니다	보통이다	그렇다	매우 그렇다
① 그다지 융통성이 있는 편이 아니다.	①	②	③	④	⑤
② 다른 사람이 내 의견에 간섭하는 것이 싫다.	①	②	③	④	⑤
③ 낙천적인 편이다.	①	②	③	④	⑤
④ 숙제를 잊어버린 적이 한 번도 없다.	①	②	③	④	⑤

3

문항예시	매우 아니다	아니다	보통이다	그렇다	매우 그렇다
① 기회가 있으면 꼭 얻는 편이다.	①	②	③	④	⑤
② 단념하는 것은 있을 수 없다.	①	②	③	④	⑤
③ 학창시절 체육수업을 좋아했다.	①	②	③	④	⑤
④ 무슨 일이든지 결과가 중요하다.	①	②	③	④	⑤

4

문항예시	매우 아니다	아니다	보통이다	그렇다	매우 그렇다
① 더 높은 능력이 요구되는 일을 하고 싶다.	①	②	③	④	⑤
② 새로운 사람을 만날 때는 두근거린다.	①	②	③	④	⑤
③ 건강하고 활발한 사람을 동경한다.	①	②	③	④	⑤
④ 문장을 쓰면서 생각한다.	①	②	③	④	⑤

5

문항예시	매우 아니다	아니다	보통이다	그렇다	매우 그렇다
① 한 우물만 파고 싶다.	①	②	③	④	⑤
② 스트레스를 해소하기 위해 몸을 움직인다.	①	②	③	④	⑤
③ 기한이 정해진 일은 무슨 일이 있어도 끝낸다.	①	②	③	④	⑤
④ 도전하기 전에 가능성을 타진하는 편이다.	①	②	③	④	⑤

6

문항예시	매우 아니다	아니다	보통이다	그렇다	매우 그렇다
① 사교성이 있는 편이라고 생각한다.	①	②	③	④	⑤
② 모르는 것이 있어도 행동하면서 생각한다.	①	②	③	④	⑤
③ 약속시간에 여유를 가지고 약간 빨리 나가는 편이다.	①	②	③	④	⑤
④ 곰곰이 끝까지 해내는 편이다.	①	②	③	④	⑤

7

문항예시	매우 아니다	아니다	보통이다	그렇다	매우 그렇다
① 이론만 내세우는 사람과 대화하면 짜증이 난다.	①	②	③	④	⑤
② 상처를 주는 것도, 받는 것도 싫다.	①	②	③	④	⑤
③ 그날그날을 정리한다.	①	②	③	④	⑤
④ 주변 사람이 피곤해하여도 자신은 원기왕성하다.	①	②	③	④	⑤

8

문항예시	매우 아니다	아니다	보통이다	그렇다	매우 그렇다
① 친구를 재미있게 하는 것을 좋아한다.	①	②	③	④	⑤
② 아침부터 아무것도 하고 싶지 않을 때가 있다.	①	②	③	④	⑤
③ 지각을 하면 학교를 결석하고 싶어졌다.	①	②	③	④	⑤
④ 외계인의 존재를 믿는다.	①	②	③	④	⑤

9

문항예시	매우 아니다	아니다	보통이다	그렇다	매우 그렇다
① 활동력이 있는 편이다.	①	②	③	④	⑤
② 많은 사람들과 왁자지껄하게 식사하는 것을 좋아 하지 않는다.	①	②	③	④	⑤
③ 돈을 허비한 적이 없다.	①	②	③	④	⑤
④ 운동회를 아주 좋아하고 기대했다.	①	②	③	④	⑤

10

문항예시	매우 아니다	아니다	보통이다	그렇다	매우 그렇다
① 하나의 취미에 열중하는 타입이다.	①	②	③	④	⑤
② 모임에서 회장에 어울린다고 생각한다.	①	②	③	④	⑤
③ 입신출세의 성공이야기를 좋아한다.	①	②	③	④	⑤
④ 어떠한 일도 의욕을 가지고 임하는 편이다.	①	②	③	④	⑤

11

문항예시	매우 아니다	아니다	보통이다	그렇다	매우 그렇다
① 학급에서는 존재가 희미했다.	①	②	③	④	⑤
② 항상 무언가를 생각하고 있다.	①	②	③	④	⑤
③ 스포츠는 보는 것보다 하는 게 좋다.	①	②	③	④	⑤
④ '참 잘했네요.'라는 말을 종종 듣는다.	①	②	③	④	⑤

12

문항예시	매우 아니다	아니다	보통이다	그렇다	매우 그렇다
① 흐린 날은 반드시 우산을 가지고 간다.	①	②	③	④	⑤
② 주연상을 받을 수 있는 배우를 좋아한다.	①	②	③	④	⑤
③ 공격하는 타입이라고 생각한다.	①	②	③	④	⑤
④ 리드를 받는 것이 편이다.	①	②	③	④	⑤

13

문항예시	매우 아니다	아니다	보통이다	그렇다	매우 그렇다
① 밤길에는 발소리가 들리기만 해도 불안하다.	①	②	③	④	⑤
② 상냥하다는 말을 들은 적이 있다.	①	②	③	④	⑤
③ 자신은 유치한 사람이다.	①	②	③	④	⑤
④ 잡담을 하는 것보다 책을 읽는 것이 낫다.	①	②	③	④	⑤

14

문항예시	매우 아니다	아니다	보통이다	그렇다	매우 그렇다
① 나는 영업에 적합한 타입이라고 생각한다.	①	②	③	④	⑤
② 술자리에서 술을 마시지 않아도 흥을 돋울 수 있다.	①	②	③	④	⑤
③ 아파도 병원에 가지 않는다.	①	②	③	④	⑤
④ 나쁜 일은 걱정이 되어서 어쩔 줄을 모른다.	①	②	③	④	⑤

15

문항예시	매우 아니다	아니다	보통이다	그렇다	매우 그렇다
① 자기주장이 강한 편이다.	①	②	③	④	⑤
② 뒤숭숭하다는 말을 들은 적이 있다.	①	②	③	④	⑤
③ 학교를 쉬고 싶다고 생각한 적이 한 번도 없다.	①	②	③	④	⑤
④ 사람들과 관계 맺는 것을 보면 잘하지 못한다.	①	②	③	④	⑤

16

문항예시	매우 아니다	아니다	보통이다	그렇다	매우 그렇다
① 사려 깊은 편이다.	①	②	③	④	⑤
② 몸을 움직이는 것을 좋아한다.	①	②	③	④	⑤
③ 인내심이 강하다.	①	②	③	④	⑤
④ 신중한 편이라고 생각한다.	①	②	③	④	⑤

17

문항예시	매우 아니다	아니다	보통이다	그렇다	매우 그렇다
① 인생의 목표는 큰 것이 좋다.	①	②	③	④	⑤
② 어떤 일이라도 바로 시작하는 타입이다.	①	②	③	④	⑤
③ 낯가림을 하는 편이다.	①	②	③	④	⑤
④ 생각하고 나서 행동하는 편이다.	①	②	③	④	⑤

18

문항예시	매우 아니다	아니다	보통이다	그렇다	매우 그렇다
① 쉬는 날은 밖으로 나가는 경우가 많다.	①	②	③	④	⑤
② 시작한 일은 반드시 완성시킨다.	①	②	③	④	⑤
③ 계획 없이 훌쩍 떠나는 여행을 좋아한다.	①	②	③	④	⑤
④ 야망이 있는 편이라고 생각한다.	①	②	③	④	⑤

19

문항예시	매우 아니다	아니다	보통이다	그렇다	매우 그렇다
① 자신을 끈기 있는 사람이라고 생각한다.	①	②	③	④	⑤
② 좋다고 생각하더라도 좀 더 검토하고 나서 실행한다.	①	②	③	④	⑤
③ 명예욕이 있는 편이다.	①	②	③	④	⑤
④ 한 번에 많은 일을 떠맡아도 힘들지 않다.	①	②	③	④	⑤

20

문항예시	매우 아니다	아니다	보통이다	그렇다	매우 그렇다
① 사람과 만날 약속은 부담스럽다.	①	②	③	④	⑤
② 질문을 받으면 충분히 생각하고 나서 대답하는 편이다.	①	②	③	④	⑤
③ 머리를 쓰는 것보다 땀을 흘리는 일이 좋다.	①	②	③	④	⑤
④ 결정한 것에는 철저히 구속받는다.	①	②	③	④	⑤

21

문항예시	매우 아니다	아니다	보통이다	그렇다	매우 그렇다
① 감정적인 사람이라고 생각한다.	①	②	③	④	⑤
② 자신만의 신념을 가지고 있다.	①	②	③	④	⑤
③ 다른 사람을 바보 같다고 생각한 적이 있다.	①	②	③	④	⑤
④ 입이 무거운 편이다.	①	②	③	④	⑤

22

문항예시	매우 아니다	아니다	보통이다	그렇다	매우 그렇다
① 나를 싫어하는 사람이 없다.	①	②	③	④	⑤
② 대재앙이 오지 않을까 항상 걱정을 한다.	①	②	③	④	⑤
③ 쓸데없는 고생을 하는 일이 많다.	①	②	③	④	⑤
④ 자주 생각이 바뀌는 편이다.	①	②	③	④	⑤

23

문항예시	매우 아니다	아니다	보통이다	그렇다	매우 그렇다
① 문제점을 해결하기 위해 여러 사람과 상의한다.	①	②	③	④	⑤
② 내 방식대로 일을 한다.	①	②	③	④	⑤
③ 영화를 보고 운 적이 많다.	①	②	③	④	⑤
④ 어떤 것에 대해서도 화낸 적이 없다.	①	②	③	④	⑤

24

문항예시	매우 아니다	아니다	보통이다	그렇다	매우 그렇다
① 사소한 충고에도 걱정을 한다.	①	②	③	④	⑤
② 자신은 도움이 안 되는 사람이라고 생각한다.	①	②	③	④	⑤
③ 금방 싫증을 내는 편이다.	①	②	③	④	⑤
④ 개성적인 사람이라고 생각한다.	①	②	③	④	⑤

25

문항예시	매우 아니다	아니다	보통이다	그렇다	매우 그렇다
① 금세 무기력해지는 편이다.	①	②	③	④	⑤
② 비교적 고분고분한 편이라고 생각한다.	①	②	③	④	⑤
③ 독자적으로 행동하는 편이다.	①	②	③	④	⑤
④ 적극적으로 행동하는 편이다.	①	②	③	④	⑤

26

문항예시	매우 아니다	아니다	보통이다	그렇다	매우 그렇다
① 금방 감격하는 편이다.	①	②	③	④	⑤
② 어떤 것에 대해서는 불만을 가진 적이 없다.	①	②	③	④	⑤
③ 밤에 못잘 때가 많다.	①	②	③	④	⑤
④ 조울증이 있다고 생각한 적이 있다.	①	②	③	④	⑤

27

문항예시	매우 아니다	아니다	보통이다	그렇다	매우 그렇다
① 조금이라도 나쁜 소식은 절망의 시작이라고 생각해 버린다.	①	②	③	④	⑤
② 언제나 실패가 걱정이 되어 어쩔 줄 모른다.	①	②	③	④	⑤
③ 다수결의 의견에 따르는 편이다.	①	②	③	④	⑤
④ 혼자서 식당에 들어가는 것은 전혀 두려운 일이 아니다.	①	②	③	④	⑤

28

문항예시	매우 아니다	아니다	보통이다	그렇다	매우 그렇다
① 승부근성이 강하다.	①	②	③	④	⑤
② 자주 흥분해서 침착하지 못한다.	①	②	③	④	⑤
③ 지금까지 살면서 타인에게 폐를 끼친 적이 없다.	①	②	③	④	⑤
④ 소곤소곤 이야기하는 것을 보면 자기에 대해 험담 하고 있는 것으로 생각된다.	①	②	③	④	⑤

29

문항예시	매우 아니다	아니다	보통이다	그렇다	매우 그렇다
① 무엇이든지 자기가 나쁘다고 생각하는 편이다.	①	②	③	④	⑤
② 자신을 변덕스러운 사람이라고 생각한다.	①	②	③	④	⑤
③ 외로움을 잘 타는 편이다.	①	②	③	④	⑤
④ 자존심이 강하다고 생각한다.	①	②	③	④	⑤

30

문항예시	매우 아니다	아니다	보통이다	그렇다	매우 그렇다
① 금방 흥분하는 성격이다.	①	②	③	④	⑤
② 거짓말을 한 적이 없다.	①	②	③	④	⑤
③ 신경질적인 편이다.	①	②	③	④	⑤
④ 끙끙대며 고민하는 타입이다.	①	②	③	④	⑤

31

문항예시	매우 아니다	아니다	보통이다	그렇다	매우 그렇다
① 외출 시 문을 잠갔는지 몇 번을 확인한다.	①	②	③	④	⑤
② 이왕 할 거라면 일등이 되고 싶다.	①	②	③	④	⑤
③ 과감하게 도전하는 타입이다.	①	②	③	④	⑤
④ 자신은 사교적이 아니라고 생각한다.	①	②	③	④	⑤

32

문항예시	매우 아니다	아니다	보통이다	그렇다	매우 그렇다
① 무심코 도리에 대해서 말하고 싶어진다.	①	②	③	④	⑤
② '항상 건강하네요.'라는 말을 듣는다.	①	②	③	④	⑤
③ 미련이 많은 편이다.	①	②	③	④	⑤
④ 예상하지 못한 일은 하고 싶지 않다.	①	②	③	④	⑤

33

문항예시	매우 아니다	아니다	보통이다	그렇다	매우 그렇다
① 체험을 중요하게 여기는 편이다.	①	②	③	④	⑤
② 도리를 판별하는 사람을 좋아한다.	①	②	③	④	⑤
③ 갑작스런 상황에 유연하게 대처하는 편이다.	①	②	③	④	⑤
④ 쉬는 날에는 여행을 가는 편이다.	①	②	③	④	⑤

34

문항예시	매우 아니다	아니다	보통이다	그렇다	매우 그렇다
① 현실적인 편이다.	①	②	③	④	⑤
② 생각날 때 물건을 산다.	①	②	③	④	⑤
③ 이성적인 사람이 되고 싶다고 생각한다.	①	②	③	④	⑤
④ 초면인 사람을 만나는 일은 잘 하지 못한다.	①	②	③	④	⑤

35

문항예시	매우 아니다	아니다	보통이다	그렇다	매우 그렇다
① 재미있는 것을 추구하는 경향이 있다.	①	②	③	④	⑤
② 어려움에 처해 있는 사람을 보면 원인을 생각한다.	①	②	③	④	⑤
③ 돈이 없으면 걱정이 된다.	①	②	③	④	⑤
④ 한 가지 일에 매달리는 편이다.	①	②	③	④	⑤

36

문항예시	매우 아니다	아니다	보통이다	그렇다	매우 그렇다
① 연구는 이론체계를 만들어 내는 데 의의가 있다.	①	②	③	④	⑤
② 규칙을 벗어나서까지 사람을 돕고 싶지 않다.	①	②	③	④	⑤
③ 일부러 위험에 접근하는 것은 어리석다고 생각한다.	①	②	③	④	⑤
④ 남의 주목을 받는 일은 부담스럽다.	①	②	③	④	⑤

37

문항예시	매우 아니다	아니다	보통이다	그렇다	매우 그렇다
① 뜨거워지기 쉽고 식기 쉽다.	①	②	③	④	⑤
② 자신만의 세계를 가지고 있다.	①	②	③	④	⑤
③ 많은 사람 앞에서도 긴장하는 일은 없다.	①	②	③	④	⑤
④ 말하는 것을 아주 좋아한다.	①	②	③	④	⑤

38

문항예시	매우 아니다	아니다	보통이다	그렇다	매우 그렇다
① 인생을 포기하는 마음을 가진 적이 한 번도 없다.	①	②	③	④	⑤
② 어두운 성격이다.	①	②	③	④	⑤
③ 금방 반성한다.	①	②	③	④	⑤
④ 불평이 많은 편이다.	①	②	③	④	⑤

39

문항예시	매우 아니다	아니다	보통이다	그렇다	매우 그렇다
① 무리한 도전을 할 필요는 없다고 생각한다.	①	②	③	④	⑤
② 남의 앞에 나서는 것을 잘 하지 못하는 편이다.	①	②	③	④	⑤
③ 납득이 안 되면 행동으로 옮기지 않는다.	①	②	③	④	⑤
④ 약속시간에 여유 없이 도착하는 편이다.	①	②	③	④	⑤

40

문항예시	매우 아니다	아니다	보통이다	그렇다	매우 그렇다
① 유연히 대응하는 편이다.	①	②	③	④	⑤
② 휴일에는 집 안에서 편안하게 있을 때가 많다.	①	②	③	④	⑤
③ 위험성을 무릅쓰면서 성공하고 싶다고 생각하지 않는다.	①	②	③	④	⑤
④ '누군가 도와주지 않을까'라고 생각하는 편이다.	①	②	③	④	⑤

41

문항예시	매우 아니다	아니다	보통이다	그렇다	매우 그렇다
① 친구가 적은 편이다.	①	②	③	④	⑤
② 결론이 나도 여러 번 생각을 하는 편이다.	①	②	③	④	⑤
③ 앞으로의 일을 걱정되어도 어쩔 수 없다.	①	②	③	④	⑤
④ 같은 일을 반복적으로 하는 것을 지루해한다.	①	②	③	④	⑤

42

문항예시	매우 아니다	아니다	보통이다	그렇다	매우 그렇다
① 움직이지 않고 많은 생각을 하는 것이 즐겁다.	①	②	③	④	⑤
② 현실적이다.	①	②	③	④	⑤
③ 오늘 하지 않아도 되는 일은 내일 하는 편이다.	①	②	③	④	⑤
④ 다양한 인간관계를 맺고 있다.	①	②	③	④	⑤

43

문항예시	매우 아니다	아니다	보통이다	그렇다	매우 그렇다
① 파란만장하더라도 성공하는 인생을 걷고 싶다.	①	②	③	④	⑤
② 활기찬 편이라고 생각한다.	①	②	③	④	⑤
③ 소극적인 편이라고 생각한다.	①	②	③	④	⑤
④ 무심코 평론가가 되어 버린다.	①	②	③	④	⑤

44

문항예시	매우 아니다	아니다	보통이다	그렇다	매우 그렇다
① 자신은 성급하다고 생각한다.	①	②	③	④	⑤
② 꾸준히 노력하는 타입이라고 생각한다.	①	②	③	④	⑤
③ 내일의 계획이라도 메모한다.	①	②	③	④	⑤
④ 리더십이 있는 사람이 되고 싶다.	①	②	③	④	⑤

45

문항예시	매우 아니다	아니다	보통이다	그렇다	매우 그렇다
① 생각했다고 해서 꼭 행동으로 옮기는 것은 아니다.	①	②	③	④	⑤
② 목표 달성에 별로 구애받지 않는다.	①	②	③	④	⑤
③ 경쟁하는 것을 좋아하지 않는다.	①	②	③	④	⑤
④ 좁고 깊은 인간관계를 취한다.	①	②	③	④	⑤

46

문항예시	매우 아니다	아니다	보통이다	그렇다	매우 그렇다
① 활발한 사람이라는 말을 듣는 편이다.	①	②	③	④	⑤
② 자주 기회를 놓치는 편이다.	①	②	③	④	⑤
③ 단념하는 것이 필요할 때도 있다.	①	②	③	④	⑤
④ 학창시절 체육수업을 못했다.	①	②	③	④	⑤

47

문항예시	매우 아니다	아니다	보통이다	그렇다	매우 그렇다
① 결과보다 과정이 중요하다.	①	②	③	④	⑤
② 자기 능력의 범위 내에서 정확히 일을 하고 싶다.	①	②	③	④	⑤
③ 새로운 사람을 만날 때는 용기가 필요하다.	①	②	③	④	⑤
④ 차분하고 사려 깊은 사람을 동경한다.	①	②	③	④	⑤

48

문항예시	매우 아니다	아니다	보통이다	그렇다	매우 그렇다
① 글을 쓸 때 미리 내용을 결정하고 나서 쓴다.	①	②	③	④	⑤
② 여러 가지 일을 경험하고 싶다.	①	②	③	④	⑤
③ 스트레스를 해소하기 위해 집에서 조용히 지낸다.	①	②	③	④	⑤
④ 기한 내에 끝내지 못하는 일이 있다.	①	②	③	④	⑤

49

문항예시	매우 아니다	아니다	보통이다	그렇다	매우 그렇다
① 하기 싫은 것을 하고 있으면 무심코 불만을 말한다.	①	②	③	④	⑤
② 투지를 드러내는 경향이 있다.	①	②	③	④	⑤
③ 뜨거워지기 쉽고 식기 쉬운 성격이다.	①	②	③	④	⑤
④ 어떤 일이라도 헤쳐 나가는 데 자신이 있다.	①	②	③	④	⑤

50

문항예시	매우 아니다	아니다	보통이다	그렇다	매우 그렇다
① 착한 사람이라는 말을 들을 때가 많다.	①	②	③	④	⑤
② 자신을 다른 사람보다 뛰어나다고 생각한다.	①	②	③	④	⑤
③ 개성적인 사람이라는 말을 자주 듣는다.	①	②	③	④	⑤
④ 처음 본 사람과 편하게 대화할 수 있다.	①	②	③	④	⑤

51

문항예시	매우 아니다	아니다	보통이다	그렇다	매우 그렇다
① 내가 누구의 팬인지 주변의 사람들이 안다.	①	②	③	④	⑤
② 가능성보다 현실성을 중시한다.	①	②	③	④	⑤
③ 그 사람에게 필요한 것을 선물하고 싶다.	①	②	③	④	⑤
④ 여행은 계획적으로 하는 것이 좋다.	①	②	③	④	⑤

52

문항예시	매우 아니다	아니다	보통이다	그렇다	매우 그렇다
① 구체적인 일에 관심이 있는 편이다.	①	②	③	④	⑤
② 일은 착실히 하는 편이다.	①	②	③	④	⑤
③ 괴로워하는 사람을 보면 우선 이유를 생각한다.	①	②	③	④	⑤
④ 가치 기준은 자신의 밖에 있다고 생각한다.	①	②	③	④	⑤

53

문항예시	매우 아니다	아니다	보통이다	그렇다	매우 그렇다
① 밝고 개방적인 편이다.	①	②	③	④	⑤
② 현실 인식을 잘하는 편이라고 생각한다.	①	②	③	④	⑤
③ 공평하고 공적인 상사를 만나고 싶다.	①	②	③	④	⑤
④ 예측 가능한 일을 하는 것이 좋다.	①	②	③	④	⑤

54

문항예시	매우 아니다	아니다	보통이다	그렇다	매우 그렇다
① 특정 인물이나 집단에서라면 가볍게 대화할 수 있다.	①	②	③	④	⑤
② 사물에 대해 가볍게 생각하는 경향이 있다.	①	②	③	④	⑤
③ 계획을 정확하게 세워서 행동하는 것을 못한다.	①	②	③	④	⑤
④ 주어진 일을 여유 있게 해결한다.	①	②	③	④	⑤

55

문항예시	매우 아니다	아니다	보통이다	그렇다	매우 그렇다
① 열정적인 사람이라고 생각한다.	①	②	③	④	⑤
② 다른 사람 앞에서 이야기를 잘 하지 못한다.	①	②	③	④	⑤
③ 통찰력이 있는 편이다.	①	②	③	④	⑤
④ 엉덩이가 가벼운 편이다.	①	②	③	④	⑤

56

문항예시	매우 아니다	아니다	보통이다	그렇다	매우 그렇다
① 여러 가지 일에 얽매이는 것을 싫어한다.	①	②	③	④	⑤
② 돌다리도 두들겨 보고 건너는 쪽이 좋다.	①	②	③	④	⑤
③ 자신에게는 권력욕이 있다.	①	②	③	④	⑤
④ 업무를 할당받으면 기쁘다.	①	②	③	④	⑤

57

문항예시	매우 아니다	아니다	보통이다	그렇다	매우 그렇다
① 사색적인 사람이라고 생각한다.	①	②	③	④	⑤
② 비교적 진보적이라고 생각한다.	①	②	③	④	⑤
③ 좋고 싫음으로 정할 때가 많다.	①	②	③	④	⑤
④ 전통에 구애되는 것은 버리는 것이 적절하다.	①	②	③	④	⑤

58

문항예시	매우 아니다	아니다	보통이다	그렇다	매우 그렇다
① 교제 범위가 좁은 편이다.	①	②	③	④	⑤
② 발상의 전환을 할 수 있는 타입이라고 생각한다.	①	②	③	④	⑤
③ 너무 주관적이어서 실패한다.	①	②	③	④	⑤
④ 현실적이고 실용적인 면을 추구한다.	①	②	③	④	⑤

59

문항예시	매우 아니다	아니다	보통이다	그렇다	매우 그렇다
① 내가 어떤 배우의 팬인지 아무도 모른다.	①	②	③	④	⑤
② 현실보다 가능성이다.	①	②	③	④	⑤
③ 마음이 담겨 있으면 어떤 선물이나 좋다.	①	②	③	④	⑤
④ 여행은 마음대로 하는 것이 좋다.	①	②	③	④	⑤

60

문항예시	매우 아니다	아니다	보통이다	그렇다	매우 그렇다
① 추상적인 일에 관심이 있는 편이다.	①	②	③	④	⑤
② 일은 대담히 하는 편이다.	①	②	③	④	⑤
③ 괴로워하는 사람을 보면 우선 동정한다.	①	②	③	④	⑤
④ 가치기준은 자신의 안에 있다고 생각한다.	①	②	③	④	⑤

61

문항예시	매우 아니다	아니다	보통이다	그렇다	매우 그렇다
① 조용하고 조심스러운 편이다.	①	②	③	④	⑤
② 상상력이 풍부한 편이라고 생각한다.	①	②	③	④	⑤
③ 의리, 인정이 두터운 상사를 만나고 싶다.	①	②	③	④	⑤
④ 인생의 앞날을 알 수 없어 재미있다.	①	②	③	④	⑤

62

문항예시	매우 아니다	아니다	보통이다	그렇다	매우 그렇다
① 이유 없이 불안할 때가 있다.	①	②	③	④	⑤
② 주위 사람의 의견을 생각해서 발언을 자제할 때 가 있다.	①	②	③	④	⑤
③ 자존심이 강한 편이다.	①	②	③	④	⑤
④ 생각 없이 함부로 말하는 경우가 많다.	①	②	③	④	⑤

63

문항예시	매우 아니다	아니다	보통이다	그렇다	매우 그렇다
① 정리가 되지 않은 방에 있으면 불안하다.	①	②	③	④	⑤
② 거짓말을 한 적이 한 번도 없다.	①	②	③	④	⑤
③ 슬픈 영화나 TV를 보면 자주 운다.	①	②	③	④	⑤
④ 자신은 신뢰할 수 있는 사람이다.	①	②	③	④	⑤

64

문항예시	매우 아니다	아니다	보통이다	그렇다	매우 그렇다
① 노래방을 아주 좋아한다.	①	②	③	④	⑤
② 자신만이 할 수 있는 일을 하고 싶다.	①	②	③	④	⑤
③ 자신을 과소평가하는 경향이 있다.	①	②	③	④	⑤
④ 책상 위나 서랍 안은 항상 깔끔히 정리한다.	①	②	③	④	⑤

65

문항예시	매우 아니다	아니다	보통이다	그렇다	매우 그렇다
① 꿈은 꿈으로 남겨둬야 한다.	①	②	③	④	⑤
② 질서보다 자유를 중요시하는 편이다.	①	②	③	④	⑤
③ 혼자서 취미에 몰두하는 것을 좋아한다.	①	②	③	④	⑤
④ 직관적으로 판단하는 편이다.	①	②	③	④	⑤

66

문항예시	매우 아니다	아니다	보통이다	그렇다	매우 그렇다
① 영화나 드라마를 보면 등장인물의 감정에 이입된다.	①	②	③	④	⑤
② 시대의 흐름에 역행해서라도 자신을 관철하고 싶다.	①	②	③	④	⑤
③ 다른 사람의 소문에 관심이 없다.	①	②	③	④	⑤
④ 창의적인 편이다.	①	②	③	④	⑤

67

문항예시	매우 아니다	아니다	보통이다	그렇다	매우 그렇다
① 열정적인 사람이라고 생각하지 않는다.	①	②	③	④	⑤
② 다른 사람 앞에서 이야기를 잘한다.	①	②	③	④	⑤
③ 행동력이 있는 편이다.	①	②	③	④	⑤
④ 엉덩이가 무거운 편이다.	①	②	③	④	⑤

68

문항예시	매우 아니다	아니다	보통이다	그렇다	매우 그렇다
① 특별히 구애받는 것이 없다.	①	②	③	④	⑤
② 돌다리는 두들겨 보지 않고 건너도 된다.	①	②	③	④	⑤
③ 권력욕이 없는 편이다.	①	②	③	④	⑤
④ 업무를 할당받으면 부담스럽다.	①	②	③	④	⑤

69

문항예시	매우 아니다	아니다	보통이다	그렇다	매우 그렇다
① 활동적인 사람이라고 생각한다.	①	②	③	④	⑤
② 비교적 보수적이다.	①	②	③	④	⑤
③ 손해인지 이익인지로 정할 때가 많다.	①	②	③	④	⑤
④ 전통을 견실히 지키는 것이 적절하다.	①	②	③	④	⑤

70

문항예시	매우 아니다	아니다	보통이다	그렇다	매우 그렇다
① 교제 범위가 넓은 편이다.	①	②	③	④	⑤
② 상식적인 판단을 할 수 있는 타입이라고 생각한다.	①	②	③	④	⑤
③ 너무 객관적이어서 실패한다.	①	②	③	④	⑤
④ 고정관념이 없는 편이다.	①	②	③	④	⑤

71

문항예시	매우 아니다	아니다	보통이다	그렇다	매우 그렇다
① 사물에 대해 깊이 생각하는 경향이 있다.	①	②	③	④	⑤
② 계획을 세워서 행동하는 것을 좋아한다.	①	②	③	④	⑤
③ 주변의 일을 성급하게 해결한다.	①	②	③	④	⑤
④ 생각한 일을 행동으로 옮기지 않으면 기분이 찜찜 하다.	①	②	③	④	⑤

72

문항예시	매우 아니다	아니다	보통이다	그렇다	매우 그렇다
① 목표 달성을 위해서는 온갖 노력을 다한다.	①	②	③	④	⑤
② 경쟁에서 절대로 지고 싶지 않다.	①	②	③	④	⑤
③ 새로운 친구를 사귀는 것은 어렵지 않다.	①	②	③	④	⑤
④ 사려 깊은 사람이라는 말을 듣는 편이다.	①	②	③	④	⑤

73

문항예시	매우 아니다	아니다	보통이다	그렇다	매우 그렇다
① 외출 시 문을 잠갔는지 별로 확인하지 않는다.	①	②	③	④	⑤
② 내 지위를 생각하고 행동한다.	①	②	③	④	⑤
③ 안전책을 고르는 타입이다.	①	②	③	④	⑤
④ 자신이 사교적이라고 생각한다.	①	②	③	④	⑤

74

문항예시	매우 아니다	아니다	보통이다	그렇다	매우 그렇다
① 도리는 상관없다.	①	②	③	④	⑤
② '참 착하네요'라는 말을 자주 듣는다.	①	②	③	④	⑤
③ 포기할 때를 잘 아는 편이다.	①	②	③	④	⑤
④ 누구도 예상하지 못한 일을 해보고 싶다.	①	②	③	④	⑤

75

문항예시	매우 아니다	아니다	보통이다	그렇다	매우 그렇다
① 평범하고 평온하게 행복한 인생을 살고 싶다.	①	②	③	④	⑤
② 몹시 귀찮아하는 편이라고 생각한다.	①	②	③	④	⑤
③ 특별히 소극적이라고 생각하지 않는다.	①	②	③	④	⑤
④ 이것저것 평하는 것이 싫다.	①	②	③	④	⑤

76

문항예시	매우 아니다	아니다	보통이다	그렇다	매우 그렇다
① 자신은 성급하지 않다고 생각한다.	①	②	③	④	⑤
② 꾸준히 노력하는 것을 잘 하지 못한다.	①	②	③	④	⑤
③ 내일의 계획을 미리 머릿속에 기억한다.	①	②	③	④	⑤
④ 협동성이 있는 사람이 되고 싶다.	①	②	③	④	⑤

77

문항예시	매우 아니다	아니다	보통이다	그렇다	매우 그렇다
① 휴일에는 운동 등으로 몸을 움직일 때가 많다.	①	②	③	④	⑤
② 성공을 위해서는 어느 정도의 위험성을 감수한다.	①	②	③	④	⑤
③ '내가 안하면 누가 할 것인가.'라고 생각하는 편이다.	①	②	③	④	⑤
④ 친구가 많은 편이다.	①	②	③	④	⑤

78

문항예시	매우 아니다	아니다	보통이다	그렇다	매우 그렇다
① 결론이 나면 신속히 행동으로 옮겨진다.	①	②	③	④	⑤
② 앞으로의 일을 예상치 못하면 불안하다.	①	②	③	④	⑤
③ 꾸준히 계속해서 노력하는 편이다.	①	②	③	④	⑤
④ 여기저기 뛰어다니는 일이 즐겁다.	①	②	③	④	⑤

79

문항예시	매우 아니다	아니다	보통이다	그렇다	매우 그렇다
① 조직의 일원으로 어울린다.	①	②	③	④	⑤
② 세상의 일에 관심이 많다.	①	②	③	④	⑤
③ 안정을 추구하는 편이다.	①	②	③	④	⑤
④ 업무는 내용으로 선택한다.	①	②	③	④	⑤

80

문항예시	매우 아니다	아니다	보통이다	그렇다	매우 그렇다
① 되도록 환경은 변하지 않는 것이 좋다.	①	②	③	④	⑤
② 밝은 성격이다.	①	②	③	④	⑤
③ 별로 후회하지 않는다.	①	②	③	④	⑤
④ 활동범위가 좁은 편이다.	①	②	③	④	⑤

81

문항예시	매우 아니다	아니다	보통이다	그렇다	매우 그렇다
① 자신을 시원시원한 사람이라고 생각한다.	①	②	③	④	⑤
② 좋다고 생각하면 바로 행동한다.	①	②	③	④	⑤
③ 좋은 사람이 되고 싶다.	①	②	③	④	⑤
④ 한 번에 많은 일을 떠맡는 것은 골칫거리라고 생각한다.	①	②	③	④	⑤

82

문항예시	매우 아니다	아니다	보통이다	그렇다	매우 그렇다
① 사람과 만날 약속은 즐겁다.	①	②	③	④	⑤
② 질문을 받으면 그때의 느낌으로 대답하는 편이다.	①	②	③	④	⑤
③ 땀을 흘리는 것보다 머리를 쓰는 일이 좋다.	①	②	③	④	⑤
④ 이미 결정된 것이라도 그다지 구속받지 않는다.	①	②	③	④	⑤

83

문항예시	매우 아니다	아니다	보통이다	그렇다	매우 그렇다
① 너무 신중해서 기회를 놓친 적이 있다.	①	②	③	④	⑤
② 시원시원하게 움직이는 타입이다.	①	②	③	④	⑤
③ 야근을 해서라도 업무를 끝낸다.	①	②	③	④	⑤
④ 누군가를 방문할 때는 반드시 사전에 확인한다.	①	②	③	④	⑤

84

문항예시	매우 아니다	아니다	보통이다	그렇다	매우 그렇다
① 노력해도 결과가 따르지 않으면 의미가 없다.	①	②	③	④	⑤
② 무조건 행동해야 한다.	①	②	③	④	⑤
③ 유행에 둔감하다고 생각한다.	①	②	③	④	⑤
④ 정해진 대로 움직이는 것은 시시하다.	①	②	③	④	⑤

85

문항예시	매우 아니다	아니다	보통이다	그렇다	매우 그렇다
① 무리해서 행동할 필요는 없다.	①	②	③	④	⑤
② 유행에 민감하다고 생각한다.	①	②	③	④	⑤
③ 정해진 대로 움직이는 편이 안심된다.	①	②	③	④	⑤
④ 현실을 직시하는 편이다.	①	②	③	④	⑤

86

문항예시	매우 아니다	아니다	보통이다	그렇다	매우 그렇다
① 자유보다 질서를 중요시하는 편이다.	①	②	③	④	⑤
② 모두와 잡담하는 것을 좋아한다.	①	②	③	④	⑤
③ 경험에 비추어 판단하는 편이다.	①	②	③	④	⑤
④ 영화나 드라마는 각본의 완성도나 화면구성에 주 목한다.	①	②	③	④	⑤

87

문항예시	매우 아니다	아니다	보통이다	그렇다	매우 그렇다
① 시대의 흐름 속에서 자신을 살게 하고 싶다.	①	②	③	④	⑤
② 다른 사람의 소문에 관심이 많다.	①	②	③	④	⑤
③ 실무적인 편이다.	①	②	③	④	⑤
④ 냉정하다는 얘기를 많이 듣는다.	①	②	③	④	⑤

88

문항예시	매우 아니다	아니다	보통이다	그렇다	매우 그렇다
① 다른 사람과 협력을 잘 한다.	①	②	③	④	⑤
② 친구의 휴대폰 번호는 모두 안다.	①	②	③	④	⑤
③ 정해진 순서에 따르는 것을 좋아한다.	①	②	③	④	⑤
④ 이성적인 사람으로 남고 싶다.	①	②	③	④	⑤

89

문항예시	매우 아니다	아니다	보통이다	그렇다	매우 그렇다
① 야심적이다.	①	②	③	④	⑤
② 내일해도 되는 일을 오늘 안에 끝내는 편이다.	①	②	③	④	⑤
③ 많은 친구랑 사귀는 편이다.	①	②	③	④	⑤
④ 우연을 믿지 않는다.	①	②	③	④	⑤

90

문항예시	매우 아니다	아니다	보통이다	그렇다	매우 그렇다
① 정이 두터운 사람을 좋아한다.	①	②	③	④	⑤
② 성격이 규칙적이고 꼼꼼한 편이다.	①	②	③	④	⑤
③ 쉬는 날은 집에서 보내고 싶다.	①	②	③	④	⑤
④ 상상력이 풍부하다.	①	②	③	④	⑤

91

문항예시	매우 아니다	아니다	보통이다	그렇다	매우 그렇다
① 모임의 회장직에 어울린다고 생각한다.	①	②	③	④	⑤
② 착실한 노력으로 성공한 이야기를 좋아한다.	①	②	③	④	⑤
③ 어떠한 일에도 의욕이 없이 임하는 편이다.	①	②	③	④	⑤
④ 학급에서는 존재가 두드러졌다.	①	②	③	④	⑤

92

문항예시	매우 아니다	아니다	보통이다	그렇다	매우 그렇다
① 아무것도 생각하지 않을 때가 많다.	①	②	③	④	⑤
② 스포츠는 하는 것보다는 보는 게 좋다.	①	②	③	④	⑤
③ '좀 더 노력하시오'라는 말을 듣는 편이다.	①	②	③	④	⑤
④ 비가 오지 않으면 우산을 가지고 가지 않는다.	①	②	③	④	⑤

93

문항예시	매우 아니다	아니다	보통이다	그렇다	매우 그렇다
① 1인자보다는 조력자의 역할을 좋아한다.	①	②	③	④	⑤
② 의리를 지키는 타입이다.	①	②	③	④	⑤
③ 리드를 하는 편이다.	①	②	③	④	⑤
④ 신중함이 지나쳐서 기회를 놓친 적이 있다.	①	②	③	④	⑤

94

문항예시	매우 아니다	아니다	보통이다	그렇다	매우 그렇다
① 여유 있게 대비하는 타입이다.	①	②	③	④	⑤
② 업무가 진행 중이라도 야근을 하지 않는다.	①	②	③	④	⑤
③ 타인을 만날 경우 생각날 때 방문하므로 부재중일 때가 있다.	①	②	③	④	⑤
④ 노력하는 과정도 중요하지만 결과도 중요하다.	①	②	③	④	⑤

95

문항예시	매우 아니다	아니다	보통이다	그렇다	매우 그렇다
① 건성으로 일을 할 때가 자주 있다.	①	②	③	④	⑤
② 남의 험담을 한 적이 없다.	①	②	③	④	⑤
③ 쉽게 화를 낸다는 말을 듣는다.	①	②	③	④	⑤
④ 초조하면 땀이 나고, 얼굴이 빨개진다.	①	②	③	④	⑤

96

문항예시	매우 아니다	아니다	보통이다	그렇다	매우 그렇다
① 토론하여 진 적이 한 번도 없다.	①	②	③	④	⑤
② 덩달아 떠든다고 생각할 때가 자주 있다.	①	②	③	④	⑤
③ 아첨에 넘어가기 쉬운 편이다.	①	②	③	④	⑤
④ 주변 사람이 자기 험담을 하고 있다고 생각할 때 가 있다.	①	②	③	④	⑤

97

문항예시	매우 아니다	아니다	보통이다	그렇다	매우 그렇다
① 비교적 눈물이 많은 편이다.	①	②	③	④	⑤
② 융통성이 있다고 생각한다.	①	②	③	④	⑤
③ 친구의 휴대폰 번호를 잘 모른다.	①	②	③	④	⑤
④ 스스로 고안하는 것을 좋아한다.	①	②	③	④	⑤

98

문항예시	매우 아니다	아니다	보통이다	그렇다	매우 그렇다
① 정이 두터운 사람으로 남고 싶다.	①	②	③	④	⑤
② 조직의 일원으로 별로 안 어울린다.	①	②	③	④	⑤
③ 세상의 일에 별로 관심이 없다.	①	②	③	④	⑤
④ 변화를 추구하는 편이다.	①	②	③	④	⑤

99

문항예시	매우 아니다	아니다	보통이다	그렇다	매우 그렇다
① 인간관계가 업무선택에 영향을 미친다.	①	②	③	④	⑤
② 환경이 변하는 것에 구애받지 않는다.	①	②	③	④	⑤
③ 불안감이 강한 편이다.	①	②	③	④	⑤
④ 인생은 살 가치가 없다고 생각한다.	①	②	③	④	⑤

100

문항예시	매우 아니다	아니다	보통이다	그렇다	매우 그렇다
① 의지가 약한 편이다.	①	②	③	④	⑤
② 다른 사람이 하는 일에 별로 관심이 없다.	①	②	③	④	⑤
③ 사람을 설득시키는 것은 어렵지 않다.	①	②	③	④	⑤
④ 심심한 것을 못 참는다.	①	②	③	④	⑤

PART

IV

면접

01 면접의 기본

1 면접준비

(1) 면접의 기본 원칙

① **면접의 의미** … 면접이란 다양한 면접기법을 활용하여 지원한 직무에 필요한 능력을 지원 자가 보유하고 있는지를 확인하는 절차라고 할 수 있다. 즉, 지원자의 입장에서는 채용 직무수행에 필요한 요건들과 관련하여 자신의 환경, 경험, 관심사, 성취 등에 대해 기업 에 직접 어필할 수 있는 기회를 제공받는 것이며, 기업의 입장에서는 서류전형만으로 알 수 없는 지원자에 대한 정보를 직접적으로 수집하고 평가하는 것이다.

② **면접의 특징** … 면접은 기업의 입장에서 서류전형이나 필기전형에서 드러나지 않는 지원자 의 능력이나 성향을 볼 수 있는 기회로, 면대면으로 이루어지며 즉흥적인 질문들이 포함 될 수 있기 때문에 지원자가 완벽하게 준비하기 어려운 부분이 있다. 하지만 지원자 입장 에서도 서류전형이나 필기전형에서 모두 보여주지 못한 자신의 능력 등을 기업의 인사담 당자에게 어필할 수 있는 추가적인 기회가 될 수도 있다.

[서류 · 필기전형과 차별화되는 면접의 특징]

> • 직무수행과 관련된 다양한 지원자 행동에 대한 관찰이 가능하다.
> • 면접관이 알고자 하는 정보를 심층적으로 파악할 수 있다.
> • 서류상의 미비한 사항과 의심스러운 부분을 확인할 수 있다.
> • 커뮤니케이션 능력, 대인관계 능력 등 행동 · 언어적 정보도 얻을 수 있다.

③ **면접의 유형**

　　㉠ **구조화 면접** : 구조화 면접은 사전에 계획을 세워 질문의 내용과 방법, 지원자의 답변 유형에 따른 추가 질문과 그에 대한 평가 역량이 정해져 있는 면접 방식으로 표준화 면접이라고도 한다.
　　　 • 표준화된 질문이나 평가요소가 면접 전 확정되며, 지원자는 편성된 조나 면접관에 영 향을 받지 않고 동일한 질문과 시간을 부여받을 수 있다.

- 조직 또는 직무별로 주요하게 도출된 역량을 기반으로 평가요소가 구성되어, 조직 또는 직무에서 필요한 역량을 가진 지원자를 선발할 수 있다.
- 표준화된 형식을 사용하는 특성 때문에 비구조화 면접에 비해 신뢰성과 타당성, 객관성이 높다.

 ⓒ 비구조화 면접 : 비구조화 면접은 면접 계획을 세울 때 면접 목적만을 명시하고 내용이나 방법은 면접관에게 전적으로 일임하는 방식으로 비표준화 면접이라고도 한다.

- 표준화된 질문이나 평가요소 없이 면접이 진행되며, 편성된 조나 면접관에 따라 지원자에게 주어지는 질문이나 시간이 다르다.
- 면접관의 주관적인 판단에 따라 평가가 이루어져 평가 오류가 빈번히 일어난다.
- 상황 대처나 언변이 뛰어난 지원자에게 유리한 면접이 될 수 있다.

④ 경쟁력 있는 면접 요령

 ㉠ 면접 전에 준비하고 유념할 사항

- 예상 질문과 답변을 미리 작성한다.
- 작성한 내용을 문장으로 외우지 않고 키워드로 기억한다.
- 지원한 회사의 최근 기사를 검색하여 기억한다.
- 지원한 회사가 속한 산업군의 최근 기사를 검색하여 기억한다.
- 면접 전 1주일간 이슈가 되는 뉴스를 기억하고 자신의 생각을 반영하여 정리한다.
- 찬반토론에 대비한 주제를 목록으로 정리하여 자신의 논리를 내세운 예상답변을 작성한다.

 ㉡ 면접장에서 유념할 사항

- 질문의 의도 파악 : 답변을 할 때에는 질문 의도를 파악하고 그에 충실한 답변이 될 수 있도록 질문사항을 유념해야 한다. 많은 지원자가 하는 실수 중 하나로 답변을 하는 도중 자기 말에 심취되어 질문의 의도와 다른 답변을 하거나 자신이 알고 있는 지식만을 나열하는 경우가 있는데, 이럴 경우 의사소통능력이 부족한 사람으로 인식될 수 있으므로 주의하도록 한다.
- 답변은 두괄식 : 답변을 할 때에는 두괄식으로 결론을 먼저 말하고 그 이유를 설명하는 것이 좋다. 미괄식으로 답변을 할 경우 용두사미의 답변이 될 가능성이 높으며, 결론을 이끌어 내는 과정에서 논리성이 결여될 우려가 있다. 또한 면접관이 결론을 듣기 전에 말을 끊고 다른 질문을 추가하는 예상치 못한 상황이 발생될 수 있으므로 답변은 자신이 전달하고자 하는 바를 먼저 밝히고 그에 대한 설명을 하는 것이 좋다.

- 지원한 회사의 기업정신과 인재상을 기억 : 답변을 할 때에는 회사가 원하는 인재라는 인상을 심어주기 위해 지원한 회사의 기업정신과 인재상 등을 염두에 두고 답변을 하는 것이 좋다. 모든 회사에 해당되는 두루뭉술한 답변보다는 지원한 회사에 맞는 맞춤형 답변을 하는 것이 좋다.
- 나보다는 회사와 사회적 관점에서 답변 : 답변을 할 때에는 자기중심적인 관점을 피하고 좀 더 넓은 시각으로 회사와 국가, 사회적 입장까지 고려하는 인재임을 어필하는 것이 좋다. 자기중심적 시각을 바탕으로 자신의 출세만을 위해 회사에 입사하려는 인상을 심어줄 경우 면접에서 불이익을 받을 가능성이 높다.
- 난처한 질문은 정직한 답변 : 난처한 질문에 답변을 해야 할 때에는 피하기보다는 정면 돌파로 정직하고 솔직하게 답변하는 것이 좋다. 난처한 부분을 감추고 드러내지 않으려 회피하려는 지원자의 모습은 인사담당자에게 입사 후에도 비슷한 상황에 처했을 때 회피할 수도 있다는 우려를 심어줄 수 있다. 따라서 직장생활에 있어 중요한 덕목 중 하나인 정직을 바탕으로 솔직하게 답변을 하도록 한다.

(2) 면접의 종류 및 준비 전략

① 인성면접

　㉠ 면접 방식 및 판단기준
- 면접 방식 : 인성면접은 면접관이 가지고 있는 개인적 면접 노하우나 관심사에 의해 질문을 실시한다. 주로 입사지원서나 자기소개서의 내용을 토대로 지원동기, 과거의 경험, 미래 포부 등을 이야기하도록 하는 방식이다.
- 판단기준 : 면접관의 개인적 가치관과 경험, 해당 역량의 수준, 경험의 구체성·진실성 등
　㉡ 특징 : 인성면접은 그 방식으로 인해 역량과 무관한 질문들이 많고 지원자에게 주어지는 면접질문, 시간 등이 다를 수 있다. 또한 입사지원서나 자기소개서의 내용을 토대로 하기 때문에 지원자별 질문이 달라질 수 있다.

ⓒ 예시 문항 및 준비전략

• 예시 문항

> • 3분 동안 자기소개를 해 보십시오.
> • 자신의 장점과 단점을 말해 보십시오.
> • 학점이 좋지 않은데 그 이유가 무엇입니까?
> • 최근에 인상 깊게 읽은 책은 무엇입니까?
> • 회사를 선택할 때 중요시하는 것은 무엇입니까?
> • 일과 개인생활 중 어느 쪽을 중시합니까?
> • 10년 후 자신은 어떤 모습일 것이라고 생각합니까?
> • 휴학 기간 동안에는 무엇을 했습니까?

• 준비전략 : 인성면접은 입사지원서나 자기소개서의 내용을 바탕으로 하는 경우가 많으므로 자신이 작성한 입사지원서와 자기소개서의 내용을 충분히 숙지하도록 한다. 또한 최근 사회적으로 이슈가 되고 있는 뉴스에 대한 견해를 묻거나 시사상식 등에 대한 질문을 받을 수 있으므로 이에 대한 대비도 필요하다. 자칫 부담스러워 보이지 않는 질문으로 가볍게 대답하지 않도록 주의하고 모든 질문에 입사 의지를 담아 성실하게 답변하는 것이 중요하다.

② 발표면접

㉠ 면접 방식 및 판단기준

• 면접 방식 : 지원자가 특정 주제와 관련된 자료를 검토하고 그에 대한 자신의 생각을 면접관 앞에서 주어진 시간 동안 발표하고 추가 질의를 받는 방식으로 진행된다.

• 판단기준 : 지원자의 사고력, 논리력, 문제해결력 등

㉡ 특징 : 발표면접은 지원자에게 과제를 부여한 후, 과제를 수행하는 과정과 결과를 관찰·평가한다. 따라서 과제수행 결과뿐 아니라 수행과정에서의 행동을 모두 평가할 수 있다.

ⓒ 예시 문항 및 준비전략

• 예시 문항

[신입사원 조기 이직 문제]

※ 지원자는 아래에 제시된 자료를 검토한 뒤, 신입사원 조기 이직의 원인을 크게 3가지로 정리하고 이에 대한 구체적인 개선안을 도출하여 발표해 주시기 바랍니다.

※ 본 과제에 정해진 정답은 없으나 논리적 근거를 들어 개선안을 작성해 주십시오.

• A기업은 동종업계 유사기업들과 비교해 볼 때, 비교적 높은 재무안정성을 유지하고 있으며 업무강도가 그리 높지 않은 것으로 외부에 알려져 있음.

• 최근 조사결과, 동종업계 유사기업들과 연봉을 비교해 보았을 때 연봉 수준도 그리 나쁘지 않은 편이라는 것이 확인되었음.

• 그러나 지난 3년간 1~2년차 직원들의 이직률이 계속해서 증가하고 있는 추세이며, 경영진 회의에서 최우선 해결과제 중 하나로 거론되었음.

• 이에 따라 인사팀에서 현재 1~2년차 사원들을 대상으로 개선되어야 하는 A기업의 조직문화에 대한 설문조사를 실시한 결과, '상명하복식의 의사소통'이 36.7%로 1위를 차지했음.

• 이러한 설문조사와 함께, 신입사원 조기 이직에 대한 원인을 분석한 결과 파랑새 증후군, 셀프홀릭 증후군, 피터팬 증후군 등 3가지로 분류할 수 있었음.

〈동종업계 유사기업들과의 연봉 비교〉   〈우리 회사 조직문화 중 개선되었으면 하는 것〉

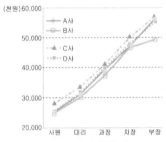 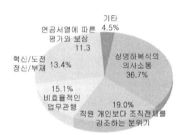

〈신입사원 조기 이직의 원인〉

• 파랑새 증후군

－현재의 직장보다 더 좋은 직장이 있을 것이라는 막연한 기대감으로 끊임없이 새로운 직장을 탐색함.

－학력 수준과 맞지 않는 '하향지원', 전공과 적성을 고려하지 않고 일단 취업하고 보자는 '묻지마 지원'이 파랑새 증후군을 초래함.

• 셀프홀릭 증후군

－본인의 역량에 비해 가치가 낮은 일을 주로 하면서 갈등을 느낌.

• 피터팬 증후군

－기성세대의 문화를 무조건 수용하기보다는 자유로움과 변화를 추구함.

－상명하복, 엄격한 규율 등 기성세대가 당연시하는 관행에 거부감을 가지며 직장에 답답함을 느낌.

- 준비전략 : 발표면접의 시작은 과제 안내문과 과제 상황, 과제 자료 등을 정확하게 이해하는 것에서 출발한다. 과제 안내문을 침착하게 읽고 제시된 주제 및 문제와 관련된 상황의 맥락을 파악한 후 과제를 검토한다. 제시된 기사나 그래프 등을 충분히 활용하여 주어진 문제를 해결할 수 있는 해결책이나 대안을 제시하며, 발표를 할 때에는 명확하고 자신 있는 태도로 전달할 수 있도록 한다.

③ 토론면접

ㄱ 면접 방식 및 판단기준

- 면접 방식 : 상호갈등적 요소를 가진 과제 또는 공통의 과제를 해결하는 내용의 토론 과제를 제시하고, 그 과정에서 개인 간의 상호작용 행동을 관찰하는 방식으로 면접이 진행된다.
- 판단기준 : 팀워크, 적극성, 갈등 조정, 의사소통능력, 문제해결능력 등

ㄴ 특징 : 토론을 통해 도출해 낸 최종안의 타당성도 중요하지만, 결론을 도출해 내는 과정에서의 의사소통능력이나 갈등상황에서 의견을 조정하는 능력 등이 중요하게 평가되는 특징이 있다.

ㄷ 예시 문항 및 준비전략

- 예시 문항

  - 군 가산점제 부활에 대한 찬반토론
  - 담뱃값 인상에 대한 찬반토론
  - 비정규직 철폐에 대한 찬반토론
  - 대학의 영어 강의 확대 찬반토론
  - 워크숍 장소 선정을 위한 토론

- 준비전략 : 토론면접은 무엇보다 팀워크와 적극성이 강조된다. 따라서 토론과정에 적극적으로 참여하며 자신의 의사를 분명하게 전달하며, 갈등상황에서 자신의 의견만 내세울 것이 아니라 다른 지원자의 의견을 경청하고 배려하는 모습도 중요하다. 갈등상황을 일목요연하게 정리하여 조정하는 등의 의사소통능력을 발휘하는 것도 좋은 전략이 될 수 있다.

④ 상황면접

ㄱ 면접 방식 및 판단기준

- 면접 방식 : 상황면접은 직무 수행 시 접할 수 있는 상황들을 제시하고, 그러한 상황에서 어떻게 행동할 것인지를 이야기하는 방식으로 진행된다.
- 판단기준 : 해당 상황에 적절한 역량의 구현과 구체적 행동지표

ⓛ 특징 : 실제 직무 수행 시 접할 수 있는 상황들을 제시하므로 입사 이후 지원자의 업무수행능력을 평가하는 데 적절한 면접 방식이다. 또한 지원자의 가치관, 태도, 사고 방식 등의 요소를 통합적으로 평가하는 데 용이하다.

ⓒ 예시 문항 및 준비전략

• 예시 문항

> 당신은 생산관리팀의 팀원으로, 생산팀이 기한에 맞춰 효율적으로 제품을 생산할 수 있도록 관리하는 역할을 맡고 있습니다. 3개월 뒤에 제품A를 정상적으로 출시하기 위해 생산팀의 생산 계획을 수립한 상황입니다. 그러나 원가가 곧 실적으로 이어지는 구매팀에서는 최대한 원가를 줄여 전반적 단가를 낮추려고 원가절감을 위한 제안을 하였으나, 연구개발팀에서는 구매팀이 제안한 방식으로 제품을 생산할 경우 대부분이 구매팀의 실적으로 산정될 것이므로 제대로 확인도 해보지 않은 채 적합하지 않은 방식이라고 판단하고 있습니다. 당신은 어떻게 하겠습니까?

• 준비전략 : 상황면접은 먼저 주어진 상황에서 핵심이 되는 문제가 무엇인지를 파악하는 것에서 시작한다. 주질문과 세부질문을 통하여 질문의 의도를 파악하였다면, 그에 대한 구체적인 행동이나 생각 등에 대해 응답할수록 높은 점수를 얻을 수 있다.

⑤ 역할면접

㉠ 면접 방식 및 판단기준

• 면접 방식 : 역할면접 또는 역할연기 면접은 기업 내 발생 가능한 상황에서 부딪히게 되는 문제와 역할을 가상적으로 설정하여 특정 역할을 맡은 사람과 상호작용하고 문제를 해결해 나가도록 하는 방식으로 진행된다. 역할연기 면접에서는 면접관이 직접 역할연기를 하면서 지원자를 관찰하기도 하지만, 역할연기 수행만 전문적으로 하는 사람을 투입할 수도 있다.

• 판단기준 : 대처능력, 대인관계능력, 의사소통능력 등

ⓛ 특징 : 역할면접은 실제 상황과 유사한 가상 상황에서의 행동을 관찰함으로서 지원자의 성격이나 대처 행동 등을 관찰할 수 있다.

ⓒ 예시 문항 및 준비전략

• 예시 문항

> [금융권 역할면접의 예]
> 당신은 ○○은행의 신입 텔러이다. 사람이 많은 월말 오전 한 할아버지(면접관 또는 역할담당자)께서 ○○은행을 사칭한 보이스피싱으로 500만 원을 피해 보았다며 소란을 일으키고 있다. 실제 업무상황이라고 생각하고 상황에 대처해 보시오.

• 준비전략 : 역할연기 면접에서 측정하는 역량은 주로 갈등의 원인이 되는 문제를 해결 하고 제시된 해결방안을 상대방에게 설득하는 것이다. 따라서 갈등해결, 문제해결, 조정ㆍ통합, 설득력과 같은 역량이 중요시된다. 또한 갈등을 해결하기 위해서 상대방에 대한 이해도 필수적인 요소이므로 고객 지향을 염두에 두고 상황에 맞게 대처해야 한다.

역할면접에서는 변별력을 높이기 위해 면접관이 압박적인 분위기를 조성하는 경우가 많기 때문에 스트레스 상황에서 불안해하지 않고 유연하게 대처할 수 있도록 시간과 노력을 들여 충분히 연습하는 것이 좋다.

2 면접 이미지 메이킹

(1) 성공적인 이미지 메이킹 포인트

① 복장 및 스타일

ㄱ 남성

• 양복 : 양복은 단색으로 하며 넥타이나 셔츠로 포인트를 주는 것이 효과적이다. 짙은 회색이나 감청색이 가장 단정하고 품위 있는 인상을 준다.
• 셔츠 : 흰색이 가장 선호되나 자신의 피부색에 맞추는 것이 좋다. 푸른색이나 베이지색은 산뜻한 느낌을 줄 수 있다. 양복과의 배색도 고려하도록 한다.
• 넥타이 : 의상에 포인트를 줄 수 있는 아이템이지만 너무 화려한 것은 피한다. 지원자의 피부색은 물론, 정장과 셔츠의 색을 고려하며, 체격에 따라 넥타이 폭을 조절하는 것이 좋다.
• 구두 & 양말 : 구두는 검정색이나 짙은 갈색이 어느 양복에나 무난하게 어울리며 깔끔하게 닦아 준비한다. 양말은 정장과 동일한 색상이나 검정색을 착용한다.
• 헤어스타일 : 머리스타일은 단정한 느낌을 주는 짧은 헤어스타일이 좋으며 앞머리가 있다면 이마나 눈썹을 가리지 않는 선에서 정리하는 것이 좋다.

ⓛ 여성

- 의상 : 단정한 스커트 투피스 정장이나 슬랙스 슈트가 무난하다. 블랙이나 그레이, 네이비, 브라운 등 차분해 보이는 색상을 선택하는 것이 좋다.
- 소품 : 구두, 핸드백 등은 같은 계열로 코디하는 것이 좋으며 구두는 너무 화려한 디자인이나 굽이 높은 것을 피한다. 스타킹은 의상과 구두에 맞춰 단정한 것으로 선택한다.
- 액세서리 : 액세서리는 너무 크거나 화려한 것은 좋지 않으며 과하게 많이 하는 것도 좋은 인상을 주지 못한다. 착용하지 않거나 작고 깔끔한 디자인으로 포인트를 주는 정도가 적당하다.
- 메이크업 : 화장은 자연스럽고 밝은 이미지를 표현하는 것이 좋으며 진한 색조는 인상이 강해 보일 수 있으므로 피한다.
- 헤어스타일 : 커트나 단발처럼 짧은 머리는 활동적이면서도 단정한 이미지를 줄 수 있도록 정리한다. 긴 머리의 경우 하나로 묶거나 단정한 머리망으로 정리하는 것이 좋으며, 짙은 염색이나 화려한 웨이브는 피한다.

② 인사

㉠ 인사의 의미 : 인사는 예의범절의 기본이며 상대방의 마음을 여는 기본적인 행동이라고 할 수 있다. 인사는 처음 만나는 면접관에게 호감을 살 수 있는 가장 쉬운 방법이 될 수 있기도 하지만 제대로 예의를 지키지 않으면 지원자의 인성 전반에 대한 평가로 이어질 수 있으므로 각별히 주의해야 한다.

㉡ 인사의 핵심 포인트

- 인사말 : 인사말을 할 때에는 밝고 친근감 있는 목소리로 하며, 자신의 이름과 수험번호 등을 간략하게 소개한다.
- 시선 : 인사는 상대방의 눈을 보며 하는 것이 중요하며 너무 빤히 쳐다본다는 느낌이 들지 않도록 주의한다.
- 표정 : 인사는 마음에서 우러나오는 존경이나 반가움을 표현하고 예의를 차리는 것이므로 살짝 미소를 지으며 하는 것이 좋다.
- 자세 : 인사를 할 때에는 가볍게 목만 숙인다거나 흐트러진 상태에서 인사를 하지 않도록 주의하며 절도 있고 확실하게 하는 것이 좋다.

③ 시선처리와 표정, 목소리

  ㉠ 시선처리와 표정 : 표정은 면접에서 지원자의 첫인상을 결정하는 중요한 요소이다. 얼굴표정은 사람의 감정을 가장 잘 표현할 수 있는 의사소통 도구로 표정 하나로 상대방에게 호감을 주거나, 비호감을 사기도 한다. 호감이 가는 인상의 특징은 부드러운 눈썹, 자연스러운 미간, 적당히 볼록한 광대, 올라간 입 꼬리 등으로 가볍게 미소를 지을 때의 표정과 일치한다. 따라서 면접 중에는 밝은 표정으로 미소를 지어 호감을 형성할 수 있도록 한다. 시선은 면접관과 고르게 맞추되 생기 있는 눈빛을 띄도록 하며, 너무 빤히 쳐다본다는 인상을 주지 않도록 한다.

  ㉡ 목소리 : 면접은 주로 면접관과 지원자의 대화로 이루어지므로 목소리가 미치는 영향이 상당하다. 답변을 할 때에는 부드러우면서도 활기차고 생동감 있는 목소리로 하는 것이 면접관에게 호감을 줄 수 있으며 적당한 제스처가 더해진다면 상승효과를 얻을 수 있다. 그러나 적절한 답변을 하였음에도 불구하고 콧소리나 날카로운 목소리, 자신감 없는 작은 목소리는 답변의 신뢰성을 떨어뜨릴 수 있으므로 주의하도록 한다.

④ 자세

  ㉠ 걷는 자세
  • 면접장에 입실할 때에는 상체를 곧게 유지하고 발끝은 평행이 되게 하며 무릎을 스치듯 11자로 걷는다.
  • 시선은 정면을 향하고 턱은 가볍게 당기며 어깨나 엉덩이가 흔들리지 않도록 주의한다.
  • 발바닥 전체가 닿는 느낌으로 안정감 있게 걸으며 발소리가 나지 않도록 주의한다.
  • 보폭은 어깨넓이만큼이 적당하지만, 스커트를 착용했을 경우 보폭을 줄인다.
  • 걸을 때도 미소를 유지한다.

  ㉡ 서있는 자세
  • 몸 전체를 곧게 펴고 가슴을 자연스럽게 내민 후 등과 어깨에 힘을 주지 않는다.
  • 정면을 바라본 상태에서 턱을 약간 당기고 아랫배에 힘을 주어 당기며 바르게 선다.
  • 양 무릎과 발뒤꿈치는 붙이고 발끝은 11자 또는 V형을 취한다.
  • 남성의 경우 팔을 자연스럽게 내리고 양손을 가볍게 쥐어 바지 옆선에 붙이고, 여성의 경우 공수자세를 유지한다.

ⓒ 앉은 자세

• 남성

> • 의자 깊숙이 앉고 등받이와 등 사이에 주먹 1개 정도의 간격을 두며 기대듯 앉지 않도록
> 주의한다. (남녀 공통 사항)
> • 무릎 사이에 주먹 2개 정도의 간격을 유지하고 발끝은 11자를 취한다.
> • 시선은 정면을 바라보며 턱은 가볍게 당기고 미소를 짓는다. (남녀 공통 사항)
> • 양손은 가볍게 주먹을 쥐고 무릎 위에 올려놓는다.
> • 앉고 일어날 때에는 자세가 흐트러지지 않도록 주의한다. (남녀 공통 사항)

• 여성

> • 스커트를 입었을 경우 왼손으로 뒤쪽 스커트 자락을 누르고 오른손으로 앞쪽 자락을 누르
> 며 의자에 앉는다.
> • 무릎은 붙이고 발끝을 가지런히 하며, 다리를 왼쪽으로 비스듬히 기울이면 여성스러워 보
> 이는 효과가 있다.
> • 양손을 모아 무릎 위에 모아 놓으며 스커트를 입었을 경우 스커트 위를 가볍게 누르듯이
> 올려놓는다.

(2) 면접 예절

① 행동 관련 예절

ㄱ 지각은 절대금물 : 시간을 지키는 것은 예절의 기본이다. 지각을 할 경우 면접에 응시
할 수 없거나, 면접 기회가 주어지더라도 불이익을 받을 가능성이 높아진다. 따라서
면접장소가 결정되면 교통편과 소요시간을 확인하고 가능하다면 사전에 미리 방문해
보는 것도 좋다. 면접 당일에는 서둘러 출발하여 면접 시간 20~30분 전에 도착하여
회사를 둘러보고 환경에 익숙해지는 것도 성공적인 면접을 위한 요령이 될 수 있다.

ㄴ 면접 대기 시간 : 지원자들은 대부분 면접장에서의 행동과 답변 등으로만 평가를 받는
다고 생각하지만 그렇지 않다. 면접관이 아닌 면접진행자 역시 대부분 인사실무자이
며 면접관이 면접 후 지원자에 대한 평가에 있어 확신을 위해 면접진행자의 의견을
구한다면 면접진행자의 의견이 당락에 영향을 줄 수 있다. 따라서 면접 대기 시간에
도 행동과 말을 조심해야 하며, 면접을 마치고 돌아가는 순간까지도 긴장을 늦춰서는
안 된다. 면접 중 압박적인 질문에 답변을 잘 했지만, 면접장을 나와 흐트러진 모습
을 보이거나 욕설을 한다면 면접 탈락의 요인이 될 수 있으므로 주의해야 한다.

ⓒ 입실 후 태도 : 본인의 차례가 되어 호명되면 또렷하게 대답하고 들어간다. 만약 면접장 문이 닫혀 있다면 상대에게 소리가 들릴 수 있을 정도로 노크를 두세 번 한 후 대답을 듣고 나서 들어가야 한다. 문을 여닫을 때에는 소리가 나지 않게 조용히 하며 공손한 자세로 인사한 후 성명과 수험번호를 말하고 면접관의 지시에 따라 자리에 앉는다. 이 경우 착석하라는 말이 없는데 먼저 의자에 앉으면 무례한 사람으로 보일 수 있으므로 주의한다. 의자에 앉을 때에는 끝에 앉지 말고 무릎 위에 양손을 가지런히 얹는 것이 예절이라고 할 수 있다.

ⓒ 옷매무새를 자주 고치지 마라. : 일부 지원자의 경우 옷매무새 또는 헤어스타일을 자주 고치거나 확인하기도 하는데 이러한 모습은 과도하게 긴장한 것 같아 보이거나 면접에 집중하지 못하는 것으로 보일 수 있다. 남성 지원자의 경우 넥타이를 자꾸 고쳐 매다거나 정장 상의 끝을 너무 자주 만지작거리지 않는다. 여성 지원자는 머리를 계속 쓸어 올리지 않고, 특히 짧은 치마를 입고서 신경이 쓰여 치마를 끌어 내리는 행동은 좋지 않다.

ⓜ 다리를 떨거나 산만한 시선은 면접 탈락의 지름길 : 자신도 모르게 다리를 떨거나 손가락을 만지는 등의 행동을 하는 지원자가 있는데, 이는 면접관의 주의를 끌 뿐만 아니라 불안하고 산만한 사람이라는 느낌을 주게 된다. 따라서 가능한 한 바른 자세로 앉아 있는 것이 좋다. 또한 면접관과 시선을 맞추지 못하고 여기저기 둘러보는 듯한 산만한 시선은 지원자가 거짓말을 하고 있다고 여겨지거나 신뢰할 수 없는 사람이라고 생각될 수 있다.

② 답변 관련 예절

ⓐ 면접관이나 다른 지원자와 가치 논쟁을 하지 않는다. : 질문을 받고 답변하는 과정에서 면접관 또는 다른 지원자의 의견과 다른 의견이 있을 수 있다. 특히 평소 지원자가 관심이 많은 문제이거나 잘 알고 있는 문제인 경우 자신과 다른 의견에 대해 이의가 있을 수 있다. 하지만 주의할 것은 면접에서 면접관이나 다른 지원자와 가치 논쟁을 할 필요는 없다는 것이며 오히려 불이익을 당할 수도 있다. 정답이 정해져 있지 않은 경우에는 가치관이나 성장배경에 따라 문제를 받아들이는 태도에서 답변까지 충분히 차이가 있을 수 있으므로 굳이 면접관이나 다른 지원자의 가치관을 지적하고 고치려 드는 것은 좋지 않다.

ⓛ 답변은 항상 정직해야 한다. : 면접이라는 것이 아무리 지원자의 장점을 부각시키고 단점을 축소시키는 것이라고 해도 절대로 거짓말을 해서는 안 된다. 거짓말을 하게 되면 지원자는 불안하거나 꺼림칙한 마음이 들게 되어 면접에 집중을 하지 못하게 되고 수많은 지원자를 상대하는 면접관은 그것을 놓치지 않는다. 거짓말은 그 지원자에 대한 신뢰성을 떨어뜨리며 이로 인해 다른 스펙이 아무리 훌륭하다고 해도 채용에서 탈락하게 될 수 있음을 명심하도록 한다.

ⓒ 경력직을 경우 전 직장에 대해 험담하지 않는다. : 지원자가 전 직장에서 무슨 업무를 담당했고 어떤 성과를 올렸는지는 면접관이 관심을 둘 사항일 수 있지만, 이전 직장의 기업문화나 상사들이 어땠는지는 그다지 궁금해 하는 사항이 아니다. 전 직장에 대해 험담을 늘어놓는다든가, 동료와 상사에 대한 악담을 하게 된다면 오히려 지원자에 대한 부정적인 이미지만 심어줄 수 있다. 만약 전 직장에 대한 말을 해야 할 경우가 생긴다면 가능한 한 객관적으로 이야기하는 것이 좋다.

ⓔ 자기 자신이나 배경에 대해 자랑하지 않는다. : 자신의 성취나 부모 형제 등 집안사람들이 사회·경제적으로 어떠한 위치에 있는지에 대한 자랑은 면접관으로 하여금 지원자에 대해 오만한 사람이거나 배경에 의존하려는 나약한 사람이라는 이미지를 갖게 할 수 있다. 따라서 자기 자신이나 배경에 대해 자랑하지 않도록 하고, 자신이 한 일에 대해서 너무 자세하게 얘기하지 않도록 주의해야 한다.

3 면접 질문 및 답변 포인트

(1) 가족 및 대인관계에 관한 질문

① 당신의 가정은 어떤 가정입니까?

면접관들은 지원자의 가정환경과 성장과정을 통해 지원자의 성향을 알고 싶어 이와 같은 질문을 한다. 비록 가정 일과 사회의 일이 완전히 일치하는 것은 아니지만 '가화만사성'이라는 말이 있듯이 가정이 화목해야 사회에서도 화목하게 지낼 수 있기 때문이다. 그러므로 답변 시에는 가족사항을 정확하게 설명하고 집안의 분위기와 특징에 대해 이야기하는 것이 좋다.

② 아버지의 직업은 무엇입니까?

아주 기본적인 질문이지만 지원자는 아버지의 직업과 내가 무슨 관련성이 있을까 생각하기 쉬워 포괄적인 답변을 하는 경우가 많다. 그러나 이는 바람직하지 않은 것으로 단답형으로 답변하면 세부적인 직종 및 근무연한 등을 물을 수 있으므로 모든 걸 한 번에 대답하는 것이 좋다.

③ 친구 관계에 대해 말해 보십시오.

지원자의 인간성을 판단하는 질문으로 교우관계를 통해 답변자의 성격과 대인관계능력을 파악할 수 있다. 새로운 환경에 적응을 잘하여 새로운 친구들이 많은 것도 좋지만, 깊고 오래 지속되어온 인간관계를 말하는 것이 더욱 바람직하다.

(2) 성격 및 가치관에 관한 질문

① 당신의 PR포인트를 말해 주십시오.

PR포인트를 말할 때에는 지나치게 겸손한 태도는 좋지 않으며 적극적으로 자기를 주장하는 것이 좋다. 앞으로 입사 후 하게 될 업무와 관련된 자기의 특성을 구체적인 일화를 더하여 이야기하도록 한다.

② 당신의 장·단점을 말해 보십시오.

지원자의 구체적인 장·단점을 알고자 하기 보다는 지원자가 자기 자신에 대해 얼마나 알고 있으며 어느 정도의 객관적인 분석을 하고 있나, 그리고 개선의 노력 등을 시도하는지를 파악하고자 하는 것이다. 따라서 장점을 말할 때는 업무와 관련된 장점을 뒷받침할 수 있는 근거와 함께 제시하며, 단점을 이야기할 때에는 극복을 위한 노력을 반드시 포함해야 한다.

③ 가장 존경하는 사람은 누구입니까?

존경하는 사람을 말하기 위해서는 우선 그 인물에 대해 알아야 한다. 잘 모르는 인물에 대해 존경한다고 말하는 것은 면접관에게 바로 지적당할 수 있으므로, 추상적이라도 좋으니 평소에 존경스럽다고 생각했던 사람에 대해 그 사람의 어떤 점이 좋고 존경스러운지 대답하도록 한다. 또한 자신에게 어떤 영향을 미쳤는지도 언급하면 좋다.

(3) 학교생활에 관한 질문

① 지금까지의 학교생활 중 가장 기억에 남는 일은 무엇입니까?

가급적 직장생활에 도움이 되는 경험을 이야기하는 것이 좋다. 또한 경험만을 간단하게 말하지 말고 그 경험을 통해서 얻을 수 있었던 교훈 등을 예시와 함께 이야기하는 것이 좋으나 너무 상투적인 답변이 되지 않도록 주의해야 한다.

② 성적은 좋은 편이었습니까?

면접관은 이미 서류심사를 통해 지원자의 성적을 알고 있다. 그럼에도 불구하고 이 질문을 하는 것은 지원자가 성적에 대해서 어떻게 인식하느냐를 알고자 하는 것이다. 성적이 나빴던 이유에 대해서 변명하려 하지 말고 담백하게 받아드리고 그것에 대한 개선노력을 했음을 밝히는 것이 적절하다.

③ 학창시절에 시위나 집회 등에 참여한 경험이 있습니까?

기업에서는 노사분규를 기업의 사활이 걸린 중대한 문제로 인식하고 거시적인 차원에서 접근한다. 이러한 기업문화를 제대로 인식하지 못하여 학창시절의 시위나 집회 참여 경험을 자랑스럽게 답변할 경우 감점요인이 되거나 심지어는 탈락할 수 있다는 사실에 주의한다. 시위나 집회에 참가한 경험을 말할 때에는 타당성과 정도에 유의하여 답변해야 한다.

(4) 지원동기 및 직업의식에 관한 질문

① 왜 우리 회사를 지원했습니까?

이 질문은 어느 회사나 가장 먼저 물어보고 싶은 것으로 지원자들은 기업의 이념, 대표의 경영능력, 재무구조, 복리후생 등 외적인 부분을 설명하는 경우가 많다. 이러한 답변도 적절하지만 지원 회사의 주력 상품에 관한 소비자의 인지도, 경쟁사 제품과의 시장점유율을 비교하면서 입사동기를 설명한다면 상당히 주목 받을 수 있을 것이다.

② 만약 이번 채용에 불합격하면 어떻게 하겠습니까?

불합격할 것을 가정하고 회사에 응시하는 지원자는 거의 없을 것이다. 이는 지원자를 궁지로 몰아넣고 어떻게 대응하는지를 살펴보며 입사 의지를 알아보려고 하는 것이다. 이 질문은 너무 깊이 들어가지 말고 침착하게 답변하는 것이 좋다.

③ 당신이 생각하는 바람직한 사원상은 무엇입니까?

직장인으로서 또는 조직의 일원으로서의 자세를 묻는 질문으로 지원하는 회사에서 어떤 인재상을 요구하는 가를 알아두는 것이 좋으며, 평소에 자신의 생각을 미리 정리해 두어 당황하지 않도록 한다.

④ 직무상의 적성과 보수의 많음 중 어느 것을 택하겠습니까?

이런 질문에서 회사 측에서 원하는 답변은 당연히 직무상의 적성에 비중을 둔다는 것이다. 그러나 적성만을 너무 강조하다 보면 오히려 솔직하지 못하다는 인상을 줄 수 있으므로 어느 한 쪽을 너무 강조하거나 경시하는 태도는 바람직하지 못하다.

⑤ 상사와 의견이 다를 때 어떻게 하겠습니까?

과거와 다르게 최근에는 상사의 명령에 무조건 따르겠다는 수동적인 자세는 바람직하지 않다. 회사에서는 때에 따라 자신이 판단하고 행동할 수 있는 직원을 원하기 때문이다. 그러나 지나치게 자신의 의견만을 고집한다면 이는 팀원 간의 불화를 야기할 수 있으며 팀 체제에 악영향을 미칠 수 있으므로 선호하지 않는다는 것에 유념하여 답해야 한다.

⑥ 근무지가 지방인데 근무가 가능합니까?

근무지가 지방 중에서도 특정 지역은 되고 다른 지역은 안 된다는 답변은 바람직하지 않다. 직장에서는 순환 근무라는 것이 있으므로 처음에 지방에서 근무를 시작했다고 해서 계속 지방에만 있는 것은 아님을 유의하고 답변하도록 한다.

(5) 여가 활용에 관한 질문

① 취미가 무엇입니까?

기초적인 질문이지만 특별한 취미가 없는 지원자의 경우 대답이 애매할 수밖에 없다. 그래서 가장 많이 대답하게 되는 것이 독서, 영화감상, 혹은 음악감상 등과 같은 흔한 취미를 말하게 되는데 이런 취미는 면접관의 주의를 끌기 어려우며 설사 정말 위와 같은 취미를 가지고 있다하더라도 제대로 답변하기는 힘든 것이 사실이다. 가능하면 독특한 취미를 말하는 것이 좋으며 이제 막 시작한 것이라도 열의를 가지고 있음을 설명할 수 있으면 그 것을 취미로 답변하는 것도 좋다.

② 술자리를 좋아합니까?

이 질문은 정말로 술자리를 좋아하는 정도를 묻는 것이 아니다. 우리나라에서는 대부분 술자리가 친교의 자리로 인식되기 때문에 그것에 얼마나 적극적으로 참여할 수 있는 가를 우회적으로 묻는 것이다. 술자리를 싫어한다고 대답하게 되면 원만한 대인관계에 문제가 있을 수 있다고 평가될 수 있으므로 술을 잘 마시지 못하더라도 술자리의 분위기는 즐긴 다고 답변하는 것이 좋으며 주량에 대해서는 정확하게 말하는 것이 좋다.

(6) 여성 지원자들을 겨냥한 질문

① 결혼은 언제 할 생각입니까?

지원자가 결혼예정자일 경우 기업은 채용을 꺼리게 되는 경향이 있다. 업무를 어느 정도 인식하고 수행할 정도가 되면 퇴사하는 일이 흔하기 때문이다. 가능하면 향후 몇 년간은 결혼 계획이 없다고 답변하는 것이 현실적인 대처 요령이며, 덧붙여 결혼 후에도 일하고 자 하는 의지를 강하게 내보인다면 더욱 도움이 된다.

② 만약 결혼 후 남편이나 시댁에서 직장생활을 그만두라고 강요한다면 어떻게 하겠습니까?

결혼적령기의 여성 지원자들에게 빈번하게 묻는 질문으로 의견 대립이 생겼을 때 상대방 을 설득하고 타협하는 능력을 알아보고자 하는 것이다. 따라서 남편이나 시댁과 충분한 대화를 통해 설득하고 계속 근무하겠다는 의지를 밝히는 것이 좋다.

③ 여성의 취업을 어떻게 생각합니까?

여성 지원자들의 일에 대한 열의와 포부를 알고자 하는 질문이다. 많은 기업들이 여성들 의 섬세하고 꼼꼼한 업무능력과 감각을 높이 평가하고 있으며, 사회 전반적인 분위기 역 시 맞벌이를 이해하고 있으므로 자신의 의지를 당당하고 자신감 있게 밝히는 것이 좋다.

④ 커피나 복사 같은 잔심부름이 주어진다면 어떻게 하겠습니까?

여성 지원자들에게 가장 난감하고 자존심상하는 질문일 수 있다. 이 질문은 여성 지원자 에게 잔심부름을 시키겠다는 요구가 아니라 직장생활 중에서의 협동심이나 봉사정신, 직 업관을 알아보고자 하는 것이다. 또한 이 과정에서 압박기법을 사용해 비꼬는 투로 말하 는 수 있는데 이는 자존심이 상하거나 불쾌해질 때의 행동을 알아보려는 것이다. 이럴 경 우 흥분하여 과격하게 답변하면 탈락하게 되며, 무조건 열심히 하겠다는 대답도 신뢰성이 없는 답변이다. 직장생활을 위해 필요한 일이면 할 수 있다는 정도의 긍정적인 답변을 하 되, 한 사람의 사원으로서 당당함을 유지하는 것이 좋다.

(7) 지원자를 당황하게 하는 질문

① 성적이 좋지 않은데 이 정도의 성적으로 우리 회사에 입사할 수 있다고 생각합니까?

비록 자신의 성적이 좋지 않더라도 이미 서류심사에 통과하여 면접에 참여하였다면 기업에서는 지원자의 성적보다 성적 이외의 요소, 즉 성격·열정 등을 높이 평가했다는 것이라고 할 수 있다. 그러나 이런 질문을 받게 되면 지원자는 당황할 수 있으나 주눅 들지 말고 침착하게 대처하는 면모를 보인다면 더 좋은 인상을 남길 수 있다.

② 우리 회사 회장님 함자를 알고 있습니까?

회장이나 사장의 이름을 조사하는 것은 면접일을 통고받았을 때 이미 사전 조사되었어야 하는 사항이다. 단답형으로 이름만 말하기보다는 그 기업에 입사를 희망하는 지원자의 입장에서 답변하는 것이 좋다.

③ 당신은 이 회사에 적합하지 않은 것 같군요.

이 질문은 지원자의 입장에서 상당히 곤혹스러울 수밖에 없다. 질문을 듣는 순간 그렇다면 면접은 왜 참가시킨 것인가 하는 생각이 들 수도 있다. 하지만 당황하거나 흥분하지 말고 침착하게 자신의 어떤 면이 회사에 적당하지 않는지 겸손하게 물어보고 지적당한 부분에 대해서 고치겠다는 의지를 보인다면 오히려 자신의 능력을 어필할 수 있는 기회로 사용할 수도 있다.

④ 다시 공부할 계획이 있습니까?

이 질문은 지원자가 합격하여 직장을 다니다가 공부를 더 하기 위해 회사를 그만 두거나 학습에 더 관심을 두어 일에 대한 능률이 저하될 것을 우려하여 묻는 것이다. 이때에는 당연히 학습보다는 일을 강조해야 하며, 업무 수행에 필요한 학습이라면 업무에 지장이 없는 범위에서 야간학교를 다니거나 회사에서 제공하는 연수 프로그램 등을 활용하겠다고 답변하는 것이 적당하다.

⑤ 지원한 분야가 전공한 분야와 다른데 여기 일을 할 수 있겠습니까?

수험생의 입장에서 본다면 지원한 분야와 전공이 다르지만 서류전형과 필기전형에 합격하여 면접을 보게 된 경우라고 할 수 있다. 이는 결국 해당 회사의 채용 방침상 전공에 크게 영향을 받지 않는다는 것이므로 무엇보다 자신이 전공하지는 않았지만 어떤 업무도 적극적으로 임할 수 있다는 자신감과 능동적인 자세를 보여주도록 노력하는 것이 좋다.

02 면접기출

1 현대자동차 그룹 면접기출

- 에그플레이션에 대해서 설명해보시오.
- 현 경제 상황은 인플레이션인가, 디플레이션인가?
- 당사의 지원동기는?
- 가장 힘들거나 어려웠던 경험과 극복하면서 배우게 된 점을 말해보라.
- 자신만의 경쟁력을 말해보라
- 담배를 피우는가?
- 지원 분야와 전공과의 연관성은?
- 당사에 대해 아는 대로 말해보라.
- 목표를 세우고 이를 실천한 경험
- 인간관계에서 중요한 것은?
- 희생해본 경험을 말해보라.
- 성형수술에 대한 견해는?
- 한국인이 버려야할 습관은?
- 20년 후 자신의 모습은?
- 나비효과란?
- 토끼와 거북이중 본인은 어떤 유형인가?
- 살면서 창피했거나 모욕적이었던 일은?
- 우리그룹에 어떤 회사들이 있나?
- 본인이 취득한 자격증을 직무에 어떻게 연결시켜 일 할 것인가?
- 창의적인 안전장치에 대한 아이디어를 제시해보라.
- 본인이 글로벌 인재라고 생각하는 이유는?
- 프로젝트 등 단체 활동 시 성격이 맞지 않은 사람과 일해 본 경험이 있는가?
- 학부 때 도전해서 얻은 것이 있는가?
- 해외여행에서 느낀 점은? 그곳에서 가장 모험적이었던 경험은 어떤 것인가?
- 학교생활에서 학업을 제외하고 기억에 남는 것은 무엇인가?

- 직장 생활에서 중요한 것은 무엇이라고 생각하는가?
- 당사 홈페이지를 보고 느낀 점은?
- 학생과 직장인의 차이는 무엇이라고 생각하는가?
- 당사 관련 기사를 읽은 적이 있는가?
- 당사 주식이 얼마인지 아는가?
- 지방근무 가능한가?
- 입사 후 포부는 무엇인가?
- 주량은 어떠한가?
- 규칙을 깨본 적이 있는가?
- 학부 때 도전해서 얻은 것이 있는가?
- 처음 차를 사는 사람에게 어떤 차를 추천해주고 싶은가?
- 동아리 활동을 말해보라.
- 아르바이트 경험을 말해보라.
- 아버님소개를 해보라.
- 최근 읽은 책은?
- 10년 후 자신의 모습은?
- 존경하는 인물은 누구인가?
- 면접관에게 궁금한 점은 없나?
- 최근 신문, 뉴스 중 인상 깊었던 기사는?
- 별명이 있나?
- 회사를 선택하는 기준은?
- 단체생활에서 가장 중요하다고 생각하는 것은?
- 남녀의 단추 위치가 다른데 그 이유는?
- 당사 CI의 의미는?
- 학생운동에 대한 견해는?
- 내수 침체의 원인은?
- 오늘 환율을 보고 왔나?
- 해당 직무에서 가장 중요한 역량은 무엇이라고 생각하는가?

- 지원한 분야를 위해서 준비한 것은?

(2) PT면접

2010년부터 도입된 면접유형이다. 전공지식과 현대자동차에 대한 관심도, 창의성을 바탕으로 준비하는 것이 좋다.

- 자동차 도어의 처짐 형상에 관한 개선방안 도출 + 다른 창의적인 아이디어가 있으면 설명
- 파스칼의 법칙에 대해 설명
- 자동차 CAN통신에 대해 설명
- 자동차 보안 시스템에 대해 설명

(3) 그룹토의면접

- 영어조기 교육에 대한 찬반
- 기자실 통·폐합과 정부의 언론정책에 대한 찬반
- 신문사의 방송 진출 찬반
- 스마트폰을 연계한 회사전략 방안 토론
- 경기침체 시 캐피탈과 카드사를 활용할 수 있는 내수 진작방안
- 포털을 언론기관으로 간주하는 것에 대해 어떻게 생각하나?
- 중국동포의 국적취득 농성
- 한국교도소의 환경을 개선해야하는가?
- 이익단체의 정치참여
- 인간복제 찬반토론
- 영어공용화 찬반토론
- 기업의 공장 해외이전 찬반토론
- 성형수술 찬반토론
- 님비현상에 대해 토론
- 인터넷 실명제
- 기부금입학 찬반토론
- 호주제 폐지
- 노점상 단속 토론

- 리콜에 대하여 (PL법과 비교)
- 이라크 파병
- 개인 워크아웃제도에 대한 찬반
- 영어 조기 교육에 대한 찬반
- 비정규직에 대해 견해 토론
- 여성채용할당제 찬반토론
- 상속제 폐지 찬반토론
- 사형제 찬반
- 강남 CCTV 설치에 대한 필요성에 대한 찬반

(4) 영어면접

- 자기소개
- 자신의 성격은 어떤 편인가?
- 쉬는 시간에는 무얼 하나?
- 오늘 면접 끝나고 무엇을 할 것인가?
- 그림묘사
- 전공에 대해서 이야기해보아라.
- 가장 감명 깊게 본 영화가 무엇인가?
- 세상에서 가장 하기 싫은 일이 무엇인가?
- 회사에 오면 무슨 일을 하고 싶나?
- 우리가 당신을 뽑아야 하는 이유는 무엇인가?
- 제네시스에 대해 어떻게 생각하는가?
- 브랜드의 중요성에 대해 말해보시오.
- 영어실력에서 개선해야 할 부분은 무엇인가?
- 우리 회사에 어떤 도움을 줄 수 있는가?
- 현대자동차에 대해 어떻게 생각하는가?
- 좋은 발명품은 어떤 것이라고 생각하는가?
- 스티븐잡스와 빌게이츠 중에서 누구를 존경하는가?

- 외국에 다녀온 적이 있나?

- 좋아하는 차종은 무엇인가?

- 좋아하는 계절은 무엇인가?

- 세상에서 가장 하기 싫은 일이 무엇인가?

- 가족들과 밥을 얼마나 자주 같이 먹는지?

- 저녁 메뉴는 주로 무엇을 먹는지?

- 우리나라에 거주하는 해외인력에 대해 어떻게 생각하는가?

- 가장 좋아하는 한국음식은? 주로 언제 그 음식을 먹는가?

- 사람들이 일기를 쓰는 이유가 뭐라고 생각하는가?

- 가장 영향력이 있다고 생각하는 연예인이 누구인가? 그 사람이 나오는 프로그램 중 가장 좋아하는 것은?

- 미래 한국에서 유행할 자동차는?

- 인생에서 행복을 느꼈던 3가지 경험을 말해보라.

- 산토끼의 반대말은?

- 현대 자동차 광고 중 인상적인 것은?

- 영어공부는 왜 필요하다고 생각하는가?

- 옥상에서 가장 빨리 내려오는 방법은? (엘리베이터 고장)

- 자신의 강점 및 약점에 대해서 말해보시오.

- 친한 친구와 일하는 것에 대해 어떻게 생각하는가?

- 친구와 다툰 후 어떻게 화해하겠는가?

(5) 임원면접

- 최근에 읽은 책과 본 영화는?

- 안철수, 박원순에 대한 의견

- '한 명의 천재가 백 명을 먹여 살린다.'라는 말에 대한 의견은?

- 자동차의 전자화에 대한 생각과 문제시 되는 점을 말해보시오.

- 배기가스 저감방법에 대해 설명하시오.

- 디젤기관에 있어서 DPF의 작동원리에 대하여 설명하시오.

- 진동소음에 대해 말해보라.

- 기어비가 바뀔 때 마력의 토크 변화를 설명하시오.

- 자동차에 쓰이는 금속이나 폴리머에는 어떤 것이 있는가?

- 이공계 기피현상의 이유와 대책은?

- 가격은 어떻게 결정되는가?

- LCD가 혁신 제품이라고 하는 데 왜 그렇다고 생각하는가?

- 표면장력이란 무엇인가?

- 설계를 함에 있어서 요구되는 능력은 무엇이라고 생각하나?

- 엔지니어가 뭐라고 생각하는가?

- 프레스 공정, 사출 성형에 대해 말해보라.

- 캐비테이션이란? 압축기에 캐비테이션이 생기는 원인과 해결대책

- 베르누이 정리와 유체 방정식에 대해 설명하고 자동차에 쓰일 수 있는 기술에 대해 논해보라.

- 노조에 대해 어떻게 생각하는가?

2 국내 주요 기업 면접 기출

(1) 삼성

① 자기소개를 해보세요.

② 전 직장을 그만 둔 이유는 무엇입니까?

③ 당사에 지원한 동기는 무엇입니까?

④ 지방 근무 가능하십니까?

⑤ 가족관계를 설명해주세요.

⑥ 입사 후 자신이 싫어하는 업무를 맡았을 때 어떻게 하겠습니까?

⑦ 학교 다닐 때 어떤 것을 경험했고, 그 교훈은 무엇이었습니까?

⑧ 노조에 대해 어떻게 생각하십니까?

⑨ 자신의 (성격) 장단점을 말해보세요.

⑩ 마지막으로 하고 싶은 말이 있으면 말해보세요.

(2) SK

① 자기소개를 해주세요.

② 이직의 이유가 무엇입니까?

③ 지원 동기는 무엇입니까?

④ 다른 회사는 어디에 지원했습니까? 합격한다면 어디로 갈 것입니까?

⑤ 입사 후 어떤 일을 하고 싶습니까?

⑥ 지방근무는 가능합니까?

⑦ 자신의 취미를 말해보세요.

⑧ 주량은 어떻게 됩니까?

⑨ 가족 소개를 해보세요.

(3) LG

① 당사에 대해 말해보세요.

② 지방 근무는 가능합니까?

③ 입사하면 어떤 일을 하고 싶습니까?

④ 다른 회사에 지원했습니까?

⑤ 술은 얼마나 합니까?

⑥ 해당 직무에 지원하는 이유는 무엇입니까?

⑦ 입사 후 하고 싶은 일을 말해보세요.
⑧ 입사 후 포부를 말해주세요.

⑨ 취미를 말해보세요.

⑩ 마지막으로 하고 싶은 말은?

(4) 롯데

① 자기소개를 해보세요.

② 입사한다면 어떤 일을 하고 싶은가?

③ 자신의 강점을 설명해보세요.

④ 가족사항을 소개해주세요.

⑤ 자사에 지원한 이유가 무엇입니까?

⑥ 해당 근무를 하려는 이유는 무엇입니까?

⑦ 지방 근무는 가능합니까?

⑧ 당사에 대해 아는대로 말해보세요.

⑨ 자신의 특기를 말해보세요.

⑩ 마지막으로 할 말이 있으면 해보세요.

(5) GS

① 자기소개를 해보세요.

② 입사동기는 무엇입니까?

③ 앞으로의 포부를 말해보세요.

④ 자신의 장점을 말해주세요.

⑤ 자신의 성격에 대해서 말해보세요.

⑥ 어려운 사항을 극복한 과정을 말해보세요.

⑦ 이전 직장에서 맡은 일은 무엇이며, 왜 그만두었나요?

⑧ 주량은 얼마나 됩니까?
⑨ 전공이 희망 직무와 맞지 않는데 왜 지원했나요?

⑩ 마지막으로 할 말이 있으면 해보세요.

(6) 현대중공업

① 자기소개를 해보세요.

② 당사 지원 동기는 무엇입니까?

③ 이직의 사유는 무엇입니까?

④ 입사 후 하고 싶은 일이 무엇입니까?

⑤ 지방 근무는 가능합니까?

⑥ 취미를 말해보세요.

⑦ 자신만의 특기가 있으면 설명해보세요.

⑧ 동아리 활동을 말해보세요.

⑨ 졸업 후 지금까지 무엇을 했습니까?

⑩ 전 직장의 경력에 대해서 말해보세요.

(7) 금호아시아나

① 우리 회사에 왜 지원했는지 얘기해보세요.

② 다른 회사 어디에 지원했고, 어떻게 진행중입니까?

③ 자신의 꿈에 대해서 말해보세요.

④ 들어와서 어떤 일을 하고 싶습니까?

⑤ 원하지 않는 직무를 맡으면 어떻게 할 것인가요?

⑥ 최근 읽은 책, 잡지, 신문 등에서 가장 인상 깊은 부분을 말해보세요.

⑦ 가족 소개를 해보세요.

⑧ 가장 힘들었던 경험을 말해보세요.

⑨ 우리 회사에 대해 아는 대로 말해보세요.

⑩ 지원한 직무에서 하는 일을 아십니까?

(8) 한진

① 자기소개를 해보세요.

② 영어로 자기소개 해보세요.

③ 한진에서 일하기에 본인이 가진 장점이 무엇이라고 생각합니까?

④ 학창시절 동아리 활동에 대하여 말해보세요.

⑤ 지방근무는 가능한가요?

⑥ 노사에 대해서 어떻게 생각합니까?

⑦ 주량은 어떻게 됩니까?

⑧ 자신의 강점을 말해보세요.

⑨ 한진에서 무슨 일을 하고 싶습니까?

⑩ 살면서 가장 힘겨웠던 경험을 얘기해 보세요.

(9) 두산

① 자기소개를 해보세요.

② 당사에 지원한 동기가 무엇입니까?

③ 전공이 지원 분야와 어떤 상관이 있습니까?

④ 주량은 어느 정도입니까?

⑤ 자신의 취미와 특기를 말해보세요.

⑥ 가족관계를 설명해보세요.

⑦ 학교생활동안 동아리 활동이나 사회봉사활동 경험이 있습니까?

⑧ 지금까지 살면서 힘들었던 일들과 그것을 어떻게 극복했는지 말해보세요.

⑨ 입사한다면 어떤 일을 하고 싶습니까?

⑩ 마지막으로 하고 싶은 말이 있으면 해보세요.

MEMO

MEMO

여러분을
응원합니다

수험서 전문출판사 **서원각**

표를 위해 나아가는 수험생 여러분을 성심껏 돕기 위해서 서원각에서는 최고의 수험서 개발에 심혈을 기울이고 있습 니다. 희망찬 미래를
해서 노력하는 모든 수험생 여러분을 응원합니다.

공무원 대비서

취업 대비서

군 관련 시리즈

자격증 시리즈

동영상 강의

서원각 동영상강의와
도전하라!

🎥 **www.sojungmedia.com**
홈페이지에 들어오신 후 서원각 알짜 강의, 샘플 강의를 들어보세요!

자 격 증	군 관 련 (부사관/장교)	공 무 원
건강운동관리사	육군부사관	소방공무원 소방학개론
사회복지사 1급	공군장교	소방공무원 생활영어
사회조사분석사 2급	공군 한국사	9급 기출해설(국어/영어/한국사)
임상심리사 2급	육군·해군 근현대사	9급 파워특강(행정학개론/교육학개론)
관광통역안내사		기술직 공무원(물리·화학·생물)
청소년상담사 3급		

BIG EVENT

시험 보느라 고생한 수험생 여러분들께 서원각이 쏜다! 쏜다!
네이버 카페 기업과 공사공단에 시험 후기를 남겨주신 모든 분들께 비타 500 기프티콘을 드립니다!

선물 받는 방법

① 네이버 카페 검색창에서 [기업과 공사공단]을 검색해주세요.

② 기업과 공사공단 필기시험 후기 게시판에 들어가 주세요.

③ 기업체 또는 공사·공단 필기시험에 대한 후기 글을 적어주세요.

자격증 BEST SELLER

매경TEST 출제예상문제

TESAT 종합본

청소년상담사 3급

임상심리사 2급 필기

유통관리사 2급 종합기본서

직업상담사 1급 필기·실기

사회조사분석사 사회통계 2급

초보자 30일 완성 기업회계 3급

관광통역안내사 실전모의고사

국내여행안내사 기출문제

손해사정사1차시험

건축기사 기출문제 정복하기

건강운동관리사

2급 스포츠지도사

택시운전 자격시험 실전문제

수산물품질관리사